弦齋夫人の料理談

村井 多嘉子
石塚月亭・編

実業之日本社

はしがき

食道楽《しょくどうらく》の本家本元《ほんけほんもと》たる、村井弦斎《むらいげんさい》氏夫人《しふじん》のお料理談《りょうりだん》は、一々皆実地《みなじっち》の経験《けいけん》から出《で》て、趣味《しゅみ》と実益《じつえき》とを兼備《けんび》して居《い》ることは、同夫人《どうふじん》に接《せっ》した人《ひと》のよく知《し》るところであります。

私《わたくし》は毎月《まいげつ》一度《ど》づゝ、相州平塚《そうしゅうひらつか》のお宅《たく》へ行《い》つて、お料理談《りょうりだん》を伺《うかが》つた上《うえ》、それを「婦人世界《ふじんせかい》」へ載《の》せましたが、幸《さいわい》に読者《どくしゃ》の好評《こうひょう》を得《え》て、大《おおい》に婦人社会《ふじんしゃかい》に歓迎《かんげい》さるゝところとなりました。殊《こと》にその料理法《りょうりほう》を実習《じっしゅう》なさる方《かた》が多《おお》くて、私《わたくし》が地方《ちほう》へ旅行《りょこう》した時《とき》も、読者諸姉《どくしゃしょし》の御家庭《ごかてい》で、そのお料理《りょうり》を戴《いただ》いた事《こと》が毎度《まいど》あります。

されば、そのお料理談《りょうりだん》を広《ひろ》く一般《ばん》に伝《つた》へんが為《ため》、丁度《ちょうど》一年分《ねんぶん》を取纏《とりまと》めて此冊子《このさっし》に編纂致《へんさんいた》し、同夫人《どうふじん》の厳密《げんみつ》なる校閲《こうえつ》を請《こ》ひ、こゝに第《だい》一編《べん》として刊行《かんこう》することに致《いた》しました。何人《なにびと》の家庭《かてい》にも、この書《しょ》をお備《そな》へ置《お》きになつたらば、日常《にちじょう》の御便益《ごべんえき》は少《すく》なからぬことであらうと思《おも》ひます。

石塚月亭

手軽実用 弦斎夫人の料理談　目次

十月

十一月

十二月

一月

二　月

三　月

四　月

五月

手軽実用　弦齋夫人の料理談

苺《いちご》は如何《いか》に料理《りょうり》するか（六月記）

石塚月亭編

記者『お見受《みうけ》申《もう》せばお畑《はたけ》に沢山《たくさん》の苺《いちご》が出来《でき》て居《お》りますね』

夫人『はい私《わたくし》どもでは促成箱《そくせいばこ》でも苺《いちご》を作《つく》りますし、畑《はたけ》でも作《つく》りますから毎日《まいにち》風変《ふうがわ》りな苺料理《いちごりょうり》を拵《こしら》へます。苺《いちご》は大層《たいそう》身体《からだ》のお薬《くすり》で、西洋《せいよう》では苺《いちご》を食《た》べると長生《ながいき》すると申《もう》すさうです。今日《きょう》は苺《いちご》の御料理《ごりょうり》を御馳走《ごちそう》致《いた》しませうか？』

記者『どうぞ願《ねが》ひます。序《ついで》にそのお料理《りょうり》の方法《ほうほう》を教《おし》へて戴《いただ》きたいものですね』

夫人『おほゝ御馳走《ごちそう》申《もう》した上《うえ》に料理談《りょうりだん》までしろと被仰《おっしゃ》いますか？』

記者『いやどうも甚《はなは》だ慾《よく》の深《ふか》いやうですが、お料理《りょうり》は私一人《わたくしひとり》で御馳走《ごちそう》になるのですし、お料理談《りょうりだん》は婦人世界《ふじんせかい》数万《すうまん》の読者《どくしゃ》が御馳走《ごちそう》になる訳《わけ》ですからどうか是非《ぜひ》願《ねが》ひ度《た》いもので』

夫人《ふじん》は嬌面《きょうめん》に微笑《びしょう》を含《ふく》み、『それでは暫《しばら》くお待《ま》ち下《くだ》さい。色々《いろいろ》のお料理《りょうり》を拵《こしら》へて苺責《いちごぜ》めにしてあげませう』

と待《ま》つ事《こと》暫時《しばし》、苺料理《いちごりょうり》は軈《やが》て卓上《たくじょう》に持《も》ち出《い》だされたり。

記者《きしゃ》先《ま》づ一皿《ひとさら》を前《まえ》に引寄《ひきよ》せ、『是《これ》は何《なん》といふお料理《りょうり》で御座《ござ》います？』

夫人『それは苺《いちご》の天麩羅《てんぷら》です』

記者『苺《いちご》の天麩羅《てんぷら》とは珍無類《ちんむるい》ですな。私《わたくし》は臍《ほぞ》の緒《お》切《き》つて始《はじ》めてゞす』

と一塊《かい》を試《こころ》みるに滋味津々《じみしんしん》たり。『是《こ》れは何《ど》うしてお拵《こしら》へになります？』

夫人『それは先《ま》づ苺《いちご》の取《と》り方《かた》からお話《はな》し申《もう》しませう。苺《いちご》を畑《はたけ》から取《と》るには朝《あさ》でも晩《ばん》でもいけません。日中《にっちゅう》に取《と》りますと香気《におい》も味《あじ》も宜《よ》う御座《ござ》います。それから洗《あら》ひ方《かた》が工合《ぐあい》もので手《て》で洗《あら》ふと味《あじ》が抜《ぬ》けますから目笊《めざる》へ入《い》れて水《みず》へ突込《つっこ》んでよくざぶざぶとゆすぎます。洗《あら》ふ前《まえ》に茎《くき》や蔕《へた》を取《と》つてはいけません。さうするとその痕《あし》から水《みず》が侵《し》みて味《あじ》が悪《わる》くなります。洗《あら》つたら水《みず》を切《き》つてそれから蔕《へた》を取《と》つて二《ふた》つに割《わ》つて砂糖《さとう》を沢山《たくさん》かけて一時間程置《じかんほどお》きます。天麩羅《てんぷら》の衣《ころも》は玉子《たまご》の黄身《きみ》へ砂糖《さとう》を少《すこ》し加《くわ》へて味淋《みりん》でのばしてよく丁寧《ていねい》に掻《か》き混《ま》ぜて**ウドン**粉《こ》でも**メリケン**粉《こ》でもさつと加《くわ》へますが、粉《こな》を加《くわ》へてからはほんのそうつと混《ま》ぜないと直《じ》きにねばりが出《で》ていけません。今《いま》の苺《いちご》をそれへ混《ま》ぜて匙《さじ》で掬《すく》つて揚《あ》げますが西洋紙《せいようし》の上《うえ》へ置《お》いて油気《あぶらけ》を切《き》ります』

記者『油《あぶら》は何《なに》をお使《つか》ひなさいます？』

夫人『豚《ぶた》の油《あぶら》の**ラード**を使《つか》ひましたが胡麻《ごま》の油《あぶら》でも宜《よ》う御座《ござ》います。胡麻《ごま》の油《あぶら》なら最初《さいしょ》にひね生姜《しょうが》の大《おお》きいのを一《ひと》つ揚《あ》げてそれを出《だ》してから苺《いちご》を入《い》れませんと軽《かる》く出来《でき》ません。天麩羅《てんぷら》の油《あぶら》は余程《よほど》よく沸立《わきた》つた処《ところ》を見《み》て入《い》れないと油《あぶら》が生煮《なまに》えで味《あじ》が悪《わる》いものです。それから油《あぶら》へ物《もの》を入《い》れるには鍋《なべ》の端《はじ》から辷《すべ》り込《こ》ませせないと刎《は》ねていけません。何《なに》の天麩羅《てんぷら》でもいきなり真中《まんなか》へ入《い》れるのは禁物《きんもつ》です』

記者『こちらの妙《みょう》なものは何《なん》で御座《ござ》います？』

夫人『それは苺《いちご》の葛煮《くずに》ですが、苺《いちご》を二《ふた》つに割《わ》つて沢山《たくさん》の砂糖《さとう》をかけて一時間《じかん》置《お》きますと液《つゆ》が出《で》ます。その液共《つゆとも》に火《ひ》にかけて、苺《いちご》の柔《やわらか》くなるまで煮《に》ます。別《べつ》に葛《くず》を水《みず》で溶《と》いて其中《そのなか》へ入《い》れて、葛《くず》がかへつたら火《ひ》から卸《おろ》して冷《さま》します。これは水《みず》か氷《こおり》で冷《ひや》して置《お》くと美味《おい》しくなります。そちらのお皿《さら》にありますのは**パン**を水《みず》に漬《つ》けて固《かた》く絞《しぼ》つて今《いま》の通《とお》りな苺《いちご》へ沢山《たくさん》混《ま》ぜて暫《しば》らく煮《に》て冷《さ》ましたのです。**パン**よりも**カステラ**があればそれを混《ま》ぜると尚《なお》結構《けっこう》です。全体《ぜんたい》苺《いちご》は葛《くず》とか**メリケン**粉《こ》とか**パン**とか**カステラ**とかいふ澱粉質《でんぷんしつ》のものと合《あわ》せてお料理《りょうり》したのが美味《おいし》う御座《ござ》います。併《しか》し生《なま》の味《あじ》もお試《こころ》み下《くだ》さるやうにそこへ苺《いちご》の**ショーケーキ**を拵《こしら》へて置《お》きました』

記者『これは生《なま》のお料理《りょうり》ですか？』

夫人『はい、生《なま》の苺《いちご》を二《ふた》つに切《き》つて、葡萄酒《ぶどうしゅ》とお砂糖《さとう》へ漬《つ》けて一時間《じかん》置《お》きます。別《べつ》に**カステラ**をうすく切《き》つて其《そ》の上《うへ》へ今《いま》の苺《いちご》を並《なら》べて又《また》**カステラ**を置《お》いて苺《いちご》を並《なら》べて三段《だん》位《ぐらい》にして一番《ばん》上《うえ》から今《いま》の苺《いちご》より出《で》た汁《しる》だの葡萄酒《ぶどうしゅ》だのを皆《み》んなかけます。これだけでも美味《おいし》う御座《ござ》いますが玉子《たまご》の白身《しろみ》へお砂糖《さとう》を混《ま》ぜてよく泡立《あわだ》てゝ其上《そのうえ》へかけると尚結構《なおけっこう》です。もう一層上等《そうじょうとう》にしますと**クリーム**に砂糖《さとう》を混《ま》ぜて泡立《あわた》てゝかけます』

記者《きしゃ》これを試《こころ》みるに味美《あじわひび》にして頬《ほほ》の落《お》ちんとするを覚《おぼ》ゆ、『実《じつ》に美味《おいし》う御座《ござ》いますね、生《なま》で食《た》べるには何《なに》をかけたのが一番《ばん》好《よ》いでせうか？』

夫人『新《あた》らしい**クリーム**とお砂糖《さとう》をかけたのが一番結構《ばんけっこう》です。**クリーム**がなければ玉子《たまご》の黄身《きみ》二《ふた》つへお砂糖《さとう》を大匙《おほさじ》二杯《はい》混《ま》ぜて牛乳《ぎゅうにゅう》一合《ごう》を幾度《いくたび》にも加《くわ》へて湯煎《ゆせん》にして掻《か》き廻《まわ》して居《い》ると段々《だんだん》固《かた》くなります。どろ〴〵位《ぐらい》になつたところで火《ひ》から卸《おろ》して冷《さ》めたところを生《なま》の苺《いちご》へかけても結構《けっこう》です』

記者『今《いま》までは生《なま》の苺《いちご》ばかり喰《た》べて居《い》まして料理《りょうり》したのは頂《いただ》いた事《こと》が御座《ござ》いません。宅《たく》へ帰《かえ》つたら早速苺《さっそくいちご》の天麩羅《てんぷら》を拵《こしら》へて友人《ゆうじん》や親戚《しんせき》の者《もの》を驚《おどろ》かせませう』

夫人『天麩羅《てんぷら》をなさるなら、其《その》お序《ついで》に林檎《りんご》を小《ちい》さく切《き》つてざつと半《はん》ゆでにしてお砂《さ》糖《とう》へつけて今《いま》の衣《ころも》でお揚《あ》げになると大層結構《たいそうけっこう》です。これは何人《どなた》でもお悦《よろこ》びになる手軽料理《てがるりょうり》です』

記者『料理《りょうり》に使《つか》ふ苺《いちご》はどんなものでも構《かま》ひませんか？』

夫人『苺《いちご》には品質《ひんしつ》の下等《かとう》な、酸味《さんみ》の強《つよ》いものがありますが、そんな苺《いちご》は料理《りょうり》には使《つか》へません』

記者『色々《いろいろ》難有《ありがと》う御座《ござ》います。又来月《またらいげつ》も出《で》まして沢山御馳走《たくさんごちそう》を頂《いただ》いた上《うえ》にお料理談《りょうりだん》をも沢山《たくさん》伺《うかが》ひませう』

夫人『来月《らいげつ》は色々《いろいろ》の野菜《やさい》も出《で》て参《まい》りますから胡瓜《きゅうり》や茄子《なす》の珍料理《ちんりょうり》を沢山《たくさん》お目《め》にかけませう』

記者『是非願《ぜひねが》ひます。読者《どくしゃ》も共《とも》に楽《たの》しみにして待《ま》つて居《お》ります。左様《さよう》なら』

と辞《じ》して門《もん》を出《い》づれば涼風衣《りょうふうころも》を襲《おそ》うて富岳《ふがく》の嵐光眉端《らんこうびたん》を撲《う》つ。

玉子《たまご》は如何《いか》に料理《りょうり》すべきか（七月記）

記者『今日《こんにち》は御馳走《ごちそう》を後廻《あとまは》しとして、先《ま》づ御料理談《おりょうりだん》から伺《うかが》ひませう。先月野菜料《せんげつやさいりょう》理《り》の御約束《おやくそく》がありましたが、それよりも先《さき》に玉子料理《たまごりょうり》の事《こと》を少々《しょうしょう》伺《うかが》ひたいと思《おも》ひます』

夫人『玉子《たまご》は何処《どこ》の御家《おうち》でも毎日《まいにち》御使《おつか》ひになりますから、玉子《たまご》の事《こと》は広《ひろ》く御便利《ごべんり》になりませう。私共《わたくしども》では鶏《にわとり》が沢山《たくさん》玉子《たまご》を産《う》みますので毎朝《まいあさ》半熟玉子《はんじゅくたまご》を拵《こしら》へて戴《いただ》きます』

記者『半熟玉子《はんじゅくたまご》とは三分間《ぷんかん》ばかり湯《ゆ》で煮立《にた》てゝ拵《こしら》へたものですか？』

夫人『いゝえ、あれは白身《しろみ》計《ばか》りの半熟《はんじゅく》で黄身《きみ》が生《なま》ですから玉子《たまご》の半熟《はんじゅく》にはなりません。ほんとの

卵子《たまご》の半熟《はんじゅく》

は黄身《きみ》も白身《しろみ》も同《おな》じ様《よう》に煮《に》えなければならぬのです』

記者『六《むづ》かしいものですね。何《ど》うすれば黄身《きみ》も白身《しろみ》も半熟《はんじゅく》になりますか？』

夫人『それにはいろ〳〵の法《ほう》がありますけれども、一番手軽《ばんてがる》なのは玉子《たまご》を蓋《ふた》のある鉢《はち》か、或《あるい》は鍋《なべ》の様《よう》なものへ入《い》れて、ぐら〳〵煮立《にた》つて居《い》る湯《ゆ》を玉子《たまご》の隠《かく》れるまで注《つ》ぎます。それに蓋《ふた》をして十分間置《ぶんかんお》いたら前《まえ》の湯《ゆ》を一旦《たん》あけて、もう一度煮《どに》

立《た》つた湯《ゆ》を注《つ》いで十分《ぶん》間《かん》置《お》きます』
記者『つまり煮立《にた》つた湯《ゆ》を二度注《どつ》いで、二十分間《ぶんかん》で出来《でき》るのですね？』
夫人『左様《さよう》です。斯《こ》う致《いた》しますと黄身《きみ》も白身《しろみ》も同《おな》じ様《よう》な半熟《はんじゅく》になつて実《じつ》に味《あじ》が宜《よ》うございます。玉子《たまご》の嫌《きら》ひな人《ひと》でもこればかりは喜《よろこ》んで食《た》べますし、病人《びょうにん》などには消化《しょうか》が一番《ばん》よくつて大層《たいそう》な滋養《じよう》になります』
記者『それは極《ご》く手軽《てがる》です、誰《だれ》が致《いた》しても訳《わけ》はありませんね』
夫人『ところが、何事《なにごと》でも自分《じぶん》でやつて見《み》ると中々六《なかなかむづ》かしいもので、湯《ゆ》の加減《かげん》が少《すこ》し違《ちが》つてもならず、時間《じかん》が少《すこ》し違《ちが》つてもならず、丁度《ちょうど》いゝ半熟《はんじゅく》になる場合《ばあい》はホンの僅《わずか》の呼吸《こきゅう》ですから、生《なま》では味《あじ》が悪《わる》いし、煮《に》え過《す》ぎてもいけません。其代《そのかわ》りよく出来《でき》た半熟《はんじゅく》は普通《ふつう》のユデ玉子《たまご》に十倍《ばい》した味《あじ》があります。殻《から》を少《すこ》し割《わ》つて、食塩《しょくえん》をつけて、小《ちひ》さい匙《さじ》で中《なか》を掬《すく》つて食《た》べると幾《いく》つでも戴《いただ》けます』
記者『湯《ゆ》の加減《かげん》と云《い》ふのは何《ど》ういふ事《こと》でございます？』
夫人『例《たと》へば同《おな》じ煮立《にた》つた湯《ゆ》でも、鍋《なべ》のやうなもので煮立《にた》てたのを一度《ど》に注《つ》いだのと、鉄瓶《てつびん》の口《くち》から湯《ゆ》を注《つ》いだのとは、注《つ》いだ後《のち》の冷《さ》め方《かた》が違《ちが》ひますから鍋《なべ》の湯《ゆ》の方《ほう》は早《はや》く玉子《たまご》が固《かた》まります。同《おな》じ鉄瓶《てつびん》でも口《くち》の大《おほ》きいのと、小《ちひ》さいのとで幾《いく》分《ぶん》か斟酌《しんしゃく》しなければなりません。今申上《いまもうしあ》げた二十分《ぶん》といふ時間《じかん》は普通《ふつう》の鉄瓶《てつびん》の口《くち》から注《つ》いだ時間《じかん》を申《もう》すのです』

記者『玉子《たまご》は半熟《はんじゅく》が一番消化《ばんしょうか》もよくつて、人体《じんたい》の薬《くすり》だと聞《き》きましたが、つまり白身《しろみ》ばかりの半熟《はんじゅく》では役《やく》に立《た》たないので、今《いま》の御話《おはなし》を伺《うかが》つて初《はじ》めて真正《ほんと》の半熟《はんじゅく》と云《い》ふ事《こと》を知《し》りました。其半熟《そのはんじゅく》にもまだ外《ほか》の方法《ほうほう》が御座《ござ》いますか?』

夫人『もう一《ひと》つの法《ほう》は、鍋《なべ》の湯《ゆ》をグラ〳〵煮立《にた》てゝ置《お》いて、玉子《たまご》を其中《そのなか》に入《い》れましたらホンの三十秒位即《びょうぐらいすなわ》ち一分《ぶん》の半分位置《はんぶんぐらいお》いて、その鍋《なべ》を火《ひ》から卸《おろ》して、其侭《そのまま》火《ひ》の傍《そば》の暖《あたゝ》かい処《ところ》へ七、八分間置《ふんかんお》くとこれも黄身《きみ》と白身《しろみ》の半熟《はんじゅく》が出来《でき》ます。併《しか》し玉子《たまご》を湯《ゆ》の真中《まんなか》へ落《おと》すと割《わ》れていけませんから、端《はじ》から滑《すべ》り込《こ》ませるやうにします。沢山《たくさん》の玉子《たまご》を一《ひと》つ一《ひと》つ入《い》れると、前《まえ》のが早《はや》く固《かた》まつて後《あと》のが固《かた》まりませんから沢山《たくさん》の時《とき》には玉子《たまご》を笊《ざる》へ入《い》れてその笊《ざる》ごと湯《ゆ》の中《なか》へ漬《つ》けます』

記者『それも手軽《てがる》ですね、まだ外《ほか》の法《ほう》がありますか？』

夫人『今度《こんど》は本式《ほんしき》の法《ほう》で少《すこ》し六《むづ》かしうございます、先《ま》づ鍋《なべ》を弱《よわ》い火《ひ》にかけて、その湯《ゆ》は指先《ゆびさき》をチヨイと入《い》れられる位《くらい》の温度《おんど》、即《すなわ》ち攝氏《せっし》の六十八度《ど》より低《ひく》からず、七十度《ど》より高《たか》からず、華氏《かし》の百五十度《ど》から百六十度《ど》の間《あいだ》といふ処《ところ》になつた時《とき》玉《たま》子《ご》を入《い》れて三十分間《ぷんかん》置《お》くと

本式《ほんしき》の半熟《はんじゅく》

が出来《でき》ます』
記者『新《あたら》しい玉子《たまご》と古《ふる》い玉子《たまご》とは固《かた》まり方《かた》が違《ちが》ひませうね』
夫人『左様《さよう》です、古《ふる》いのより新《あたら》しい方《ほう》が固《かた》まり方《かた》も早《はや》いし、味《あじ》も大層《たいそう》宜《よろ》しう御座《ござ》います』
記者『御宅《おたく》では沢山《たくさん》の鶏《にわとり》がおありですから、毎日《まいにち》産《う》み立《た》ての新《あたら》しい玉子《たまご》を召《め》し上《あが》る事《こと》が出来《でき》て、何《なに》より御羨《おうらや》ましう御座《ござ》います』
夫人『いえ〱産《う》み立《た》ての玉子《たまご》は決《けっ》して料理《りょうり》に使《つか》ひません。牛肉《ぎゅうにく》の新《あたら》しいのが料理《りょうり》

にならないと同《おな》じ事《こと》で、玉子《たまご》も産《う》んでから三十六時間《じかん》即《すなわ》ち一昼夜《ちゅうや》半過《はんす》ぎた処《ところ》でないとよい味《あじ》が出《で》ませんし、料理《りょうり》に使《つか》つてもよく出来《でき》ません。**カステラ**を焼《や》くのに新《あたら》しい程好《ほどよ》いと思《おも》つて、産《う》み立《た》ての玉子《たまご》ばかり使《つか》ひますと泡《あわ》がよく立《た》たないで、**カステラ**が膨《ふく》れません。牛肉《ぎゅうにく》にも食《た》べ頃《ごろ》は僅《わず》かの時間《じかん》より無《な》いと同《おな》じ様《よう》に、玉子《たまご》の食《た》べ頃《ごろ》も産《う》んでから三十六時間以上《じかんいじょう》七十二時間以内《じかんいない》としてあります』

記者『大層六《たいそうむづ》かしいもので御座《ござ》いますね。玉子《たまご》の殻《から》の厚《あつ》いのと薄《うす》いのとでも半熟《はんじゅく》になる時間《じかん》に遅速《ちそく》が出来《でき》ませう』

夫人『左様《さよう》です。殻《から》の厚《あつ》いのは薄《うす》いのより遅《おそ》く固《かた》まります、大《おほ》きいのは小《ちひ》さいのよりも遅《おそ》く出来《でき》ますから其加減《そのかげん》もしなければなりません。味《あじ》から申《もう》しても無精卵《むせいらん》の方《はう》は受精卵《じゅせいらん》よりも幾倍《いくばい》と云《い》ふ程美味《ほどおい》しいものですし、動物肥料《どうぶつひりょう》で飼《か》つた鶏《にわとり》の玉子《たまご》は大層味《たいそうあじ》がよう御座《ござ》います。其外玉子《そのほかたまご》に就《つ》いて委《くわ》しい事《こと》を申上《もうしあ》げたら、一日御話申《にちおはなしもう》しても容易《ようい》に尽《つ》きません』

記者『では先《ま》づ其位《そのくらい》に致《いた》しまして、外《ほか》に手軽《てがる》な玉子料理《たまごりょうり》を二《ふた》つ三《み》つ伺《うかが》ひたいものです』

夫人『左様《さよう》ですね、玉子《たまご》は料理《りょうり》するとコク〳〵して、胸《むね》へ閊《つか》へる性質《せいしつ》のものですから、それを中和《ちゅうわ》させる為《た》めには**バター**が一番《ばん》です。そこで

スカンブルヱッグ

と申《もう》します料理《りょうり》は普通《ふつう》の炒《い》り玉子《たまご》の様《よう》に、玉子《たまご》二《ふた》つを鉢《はち》へ割《わ》つて、**バター**を小《こ》匙《さじ》一杯《ぱい》加《くわ》へて、塩胡椒《しおこしょう》で味《あじ》をつけて、牛乳《ぎゅうにゅう》を大匙《おおさじ》一杯《ぱい》さして、よく掻《か》き混《ま》ぜます。それを鍋《なべ》へあけて強《つよ》い火《ひ》で炒《い》り玉子《たまご》の様《よう》に炒《い》り付《つ》けます。これだけを御皿《おさら》へ盛《も》つて出《だ》しても食《た》べられますが、上等《じょうとう》にすると**パン**を薄《うす》く切《き》つて焼《や》いて、**バター**を両面《りょうめん》へ塗《ぬ》つて、其上《そのうえ》にこの**スカンブルヱッグ**を山盛《やまもり》に載《の》せて出《だ》しますと大層美味《たいそうおい》しう御座《ござ》います。私共《わたくしども》では朝《あさ》の食事《しょくじ》に能《よ》くこれを用《もち》ゐます』

記者『成程朝飯《なるほどあさはん》にもよささうなものですね』

夫人『朝飯《あさはん》ばかりではありません、御昼《おひる》なんぞには此玉子《このたまご》の釈《と》いた中《なか》へゆでた海老《えび》

の細《こま》かく刻《きざ》んだのを混《ま》ぜて炒《い》りますと一層《いっそう》味《あじ》がよくなります。海老《えび》がなければ鶏肉《とりにく》のゆでたのでも、或《あるい》は煮《に》たのでも、刻《きざ》んで入《い》れるとようございます。又《また》**ハム**を塩出《しおだ》ししてざつとゆでたのを刻《きざ》んで混《ま》ぜても結構《けっこう》です』

記者『それも手軽《てがる》で至極重宝《しごくちょうほう》な御料理《おりょうり》ですね』

夫人『まだその外《ほか》に手軽《てがる》で美味《おい》しい御料理《おりょうり》があります。それは

ケズレー

と申《もう》しまして**フライ**鍋《パン》で**バター**を沢山《たくさん》釈《と》かします。それがよく煮《に》えた処《ところ》へゆでた海老《えび》の刻《きざ》んだのを入《い》れてよくいためます。そこへ御飯《ごはん》を海老《えび》の半分位《はんぶんくらい》入れて又《また》よくいためます。それから牛乳《ぎゅうにゅう》を少《すこ》しさして塩胡椒《しおこしょう》で味《あじ》をつけて、ゆで玉子《たまご》の刻《きざ》んだのを加《くわ》へて、五分間程《ふんかんほど》煮《に》て温《あたた》かい中《うち》に出《だ》しますと、誰《だれ》でも大層《たいそう》御喜《およろこ》びになつて沢山《たくさん》召上《めしあが》ります。此《こ》の**ケズレー**は場合《ばあい》により御飯《ごはん》と魚肉《ぎょにく》と半々《はんはん》にしてもようございます』

記者『即席《そくせき》の手軽料理《てがるりょうり》でこれもわれ〳〵には至極重宝《しごくちょうほう》です。何卒爾《どうかさ》うい ふ御料理《おりょうり》

を沢山《たくさん》教《おし》へて戴《いただ》き度《た》いものです』

夫人『おほゝゝ大層《たいそう》お世辞《せじ》がおよろしくつて被居《いらっしゃい》いますからついく〳〵お話《はなし》が長《なが》くなつて大変《たいへん》な紙塞《かみふさ》げですね』

記者『いえどう致《いた》しまして、お話《はなし》は沢山《たくさん》あつても食傷致《しょくしょういた》しませんから大丈夫《だいじょうぶ》です。併《しか》し今《いま》のお料理《りょうり》は海老《えび》を入《い》れるといひますと、われ〳〵の家庭《かてい》に海老《えび》が滅多《めった》にありませんから困《こま》りますね』

夫人『そこは奥《おく》さんが御才覚《ごさいかく》なさればいろ〳〵の応用《おうよう》が出来《でき》ませう。海老《えび》と申《まを》しても伊勢海老《いせえび》には限《かぎ》りません。車海老《くるまえび》でもよし、手長海老《てながえび》でもよし、芝海老《しばえび》でもよし、又海老《またえび》がなければ海老《えび》の身《み》に似《に》たやうな白《しろ》い身《み》の魚《さかな》、即《すなわ》ち鯛《たい》、鱸《すずき》、こち、ほうぼう、比目魚《ひらめ》、鱚《きす》なんぞも一旦《たん》ゆでゝ、むしつて入《い》れゝば結構《けっこう》です』

記者『なーる程《ほど》爾《そ》う云《い》ふ風《ふう》に応用《おうよう》すれば際限《さいげん》がありませんね』

夫人『まだ応用法《おうようほう》はいろ〳〵御座《ござ》います。例《たと》へばこの**ケズレー**をお昼《ひる》に拵《こしら》へて半分《はんぶん》も残《のこ》りましたら、晩《ばん》には其侭《そのまま》出《だ》すのも気《き》が利《き》きませんから、それを手《て》でいゝ加《か》

減《げん》に丸《まる》めて**メリケン**粉《こ》をつけて、玉子《たまご》の黄身《きみ》でくるんで**パン**粉《こ》をつけて油《あぶら》で揚《あ》げると大層美味《たいそうおい》しい

コロツケー

が出来《でき》ます。何《なん》でも残《のこ》りものはそれ〴〵残《のこ》り物《もの》の料理《りょうり》と云《い》ふ事《こと》がありますから、それを工風《くふう》するといろ〳〵美味《おい》しく食《た》べられます』

記者『そこが即《すなわ》ち家庭料理《りょうり》の貴《とうと》い処《ところ》ですね、**コロツケー**を揚《あ》げる油《あぶら》は何《なに》がよろしう御座《ござ》いますか？』

夫人『第《だい》一は**バター**ですが沢山《たくさん》使《つか》ひますから倹約《けんやく》すると豚《ぶた》の**ラード**が宜《よろ》しう御座《ござ》います。**コロツケー**の外《ほか》にまだ応用法《おうようほう》がありますよ。それは今《いま》の**ケズレー**を深《ふか》い鉢《はち》へ入《い》れて少《すこ》し牛乳《ぎゅうにゅう》をさしてパン粉《こ》を上《うえ》へかけて、**バター**を載《の》せて**テンピ**か**ストーブ**の中《なか》で十五分間焼《ふんかんや》くと

ケズレーの**パイ**

と云《い》ふ物《もの》が出来《でき》ます』

胡瓜《きゅうり》は如何《いか》に料理《りょうり》すべきか

記者『玉子《たまご》のお話《はなし》が大層長《たいそうなが》くなりましたから定《さだ》めてお疲《つか》れでもありませうが、お約《やく》束《そく》の野菜《やさい》料理《りょうり》を少々伺《しょうしょううかが》ひたいものです』

夫人『野菜料理《やさいりょうり》は沢山《たくさん》ありますが季節《きせつ》ものですから先《ま》づ胡瓜《きゅうり》の料理《りょうり》をお話申《はなしもう》しませう。胡瓜《きゅうり》は今《いま》まで余《あま》り煮《に》て使《つか》ひませんが西洋料理《せいようりょうり》にすると煮《に》て使《つか》ふ方法《ほうほう》が幾《いく》十通《とお》りもあります。極手軽《ごくてがる》にしますと胡瓜《きゅうり》の皮《かわ》をむいて、二《ふた》つに割《わ》つて種子《たね》を出《だ》して小《ちい》さく切《き》ります。フライ鍋《パン》でバターをよく煮立《にた》てゝ胡瓜《きゅうり》を長《なが》くいためます。そこへスープをさしてパンの耳《みみ》を小《ちい》さくち切《ぎ》つて、胡瓜《きゅうり》の三分《ぶん》の一程入《ほどい》れて、塩胡椒《しおこしょう》で味《あじ》をつけますとなかなか美味《おい》しう御座《ござ》います』

記者『もー一色何《ひといろなに》か伺《うかが》ひ度《た》いものです』

夫人『はい、それから胡瓜《きゅうり》を丸《まる》のまゝ皮《かわ》をむいて、箸《はし》で中《なか》の種子《たね》を突《つ》き出《だ》します。細《こま》かく叩《たた》いた牛肉《ぎゅうにく》へ水《みず》で絞《しぼ》つたパンを混《ま》ぜて、塩胡椒《しおこしょう》で味《あじ》をつけて、胡瓜《きゅうり》の中《なか》へつめます。両端《りょうはし》の口《くち》を**メリケン**粉《こ》で塞《ふさ》いで、**スープ**で煮《に》れば上等《じょうとう》ですが、たゞの湯《ゆ》で醤油《しょうゆ》や味淋《みりん》を加《くわ》へて柔《やわら》かくなるまで煮《に》てもよう御座《ござ》います』

記者『肉《にく》と**パン**は何《ど》うして混《ま》ぜます？』

夫人『肉《にく》挽《ひき》器《き》械《かい》があれば牛肉《ぎゅうにく》の**ラン**と云《い》ふ赤《あか》い処《ところ》を二三度《ど》挽《ひ》いて、牛肉《ぎゅうにく》一斤《きん》と**パン**は半斤《はんぎん》の三分《ぶんの》一位《ぐらい》を水《みず》に漬《つ》けて、固《かた》く絞《しぼ》つてよく混《ま》ぜ合《あわ》せます』

記者『胡瓜《きゅうり》の種子《たね》を取《と》る時《とき》、鉄《てつ》の刃物《はもの》を使《つか》ふと味《あじ》が悪《わる》くなるさうですが、何《ど》うしたらいゝでせう？』

夫人『宅《たく》では竹《たけ》のへらの様《よう》なものを輪《わ》にしてそれで取《と》ります。胡瓜《きゅうり》ばかりではありません。何《なん》の野菜《やさい》でも或《あるい》は果物《くだもの》でも、物《もの》に依《よ》つては鉄《てつ》の刃物《はもの》を使《つか》ふ事《こと》は大《だい》の禁《きん》物《もつ》です。例《たと》へば赤茄子《あかなす》なぞは鉄《てつ》の刃物《はもの》で皮《かわ》をむくと非常《ひじょう》に味《あじ》が悪《わる》くなります』

記者『胡瓜《きゅうり》の**サラダ**と申《もう》すのは日本《にほん》のもみ瓜《うり》と同《おな》じ事《こと》でせうか？』

夫人『先《ま》づ同《おな》じ様《よう》なものですが、少《すこ》しそこに工合《ぐあい》があります。**サラダ**にするには初《はじ》めによく洗《あら》つて皮《かわ》をむきます。それを薄《うす》く刻《きざ》んで塩《しお》をまぶして軽《かる》い圧《おし》をして三時間《じかん》置《お》きます。それを直《す》ぐ布《ぬの》で包《つゝ》んで固《かた》く絞《しぼ》つて、**サラダ**の**ソース**であへます。日本風《にほんふう》のもみ瓜《うり》にするのも手《て》で揉《も》んではいけません。やつぱり**サラダ**のやうにして拵《こしら》へる方《ほう》が美味《おい》しう御座《ござ》います』

記者『三時間《じかん》は少《すこ》し長《なが》くつて急《いそ》ぐ時《とき》には困《こま》りますね』

夫人『御急《おいそ》ぎの時《とき》は強《つよ》い塩水《しおみず》へ十分《ぶん》でも二十分《ぶん》でも漬《つ》けて固《かた》く御絞《おしぼ》りなさい』

茄子《なす》は如何《いか》に料理《りょうり》すべきか

記者『茄子《なす》の方《ほう》も変《かわ》つたお料理《りょうり》がありますか?』

夫人『はい左様《さよう》ですね。小《ちひ》さい茄子《なす》を皮《かわ》つきの侭縦《ままたて》に切《き》り目《め》を入《い》れて一時間程《じかんほど》水《みず》へ漬《つ》けて置《お》きます。それを揚《あ》げて水気《みずけ》を切《き》つて、**バター**でよくいためます。そこへ酒《さけ》を少《すこ》しさして、**スープ**があれば**スープ**をさします。無《な》ければ湯《ゆ》をさします。醤油《しょうゆ》と砂糖《さとう》で味《あじ》をつけて柔《やわら》かくなるまで煮《に》ます』

記者『何卒《どうか》もう一《ひと》つ』

夫人『極《ご》く手軽《てがる》なのは茄子《なす》を宜《い》い加減《かげん》に切《き》つてあくを出《だ》して、**フライ**鍋《パン》に**バター**を釈《と》かして茄子《なす》を柔《やわら》かくなるまでいためます。そこへ**ウシターソース**を入《い》れて少《すこ》し煮《に》て温《あたた》かいうちに出《だ》します』

記者『**ウシターソース**はお料理《りょうり》の上《うえ》へかけるばかりのものと思《おも》ひましたが煮《に》る時《とき》にも使《つか》ひますか?』

夫人『はい、**スープ**の中《なか》にも味《あじ》をつける為《た》めに入《い》れますし、其外《そのほか》いろ〳〵の物《もの》にも使《つか》ひます。モー一《ひと》つのお料理《りょうり》は茄子《なす》を四《よ》ツ割《わり》か六《む》ツ割《わり》にしてよくあくを出《だ》してゆでます。別《べつ》の鍋《なべ》に**バター**を釈《と》かして**メリケン**粉《こ》大《おお》匕《さじ》一杯《ぱい》をいためて牛乳《ぎゅうにゅう》一合《ごう》をさします。それへ塩《しお》胡《こ》椒《しょう》で味《あじ》をつけて、ゆでた茄子《なす》を十分《ぶん》間《かん》程《ほど》煮《に》ます。そこへ**ウシターソース**を小《こ》匕《さじ》二杯《はい》位《ぐらい》加《くわ》へてザツト煮《に》て出《だ》します。これは**ウシターソース**がなければ白《しろ》**ソース**だけで煮《に》ても美味《おい》しく食《た》べられます。此上《このうえ》へゆで玉子《たまご》を刻《きざ》んでかけるか、裏漉《うらご》しにしてふりますと奇麗《きれい》で御座《ござ》います』

豆腐《とうふ》と魚《さかな》は如何《いか》に煮《に》るか

記者『茄子《なす》のお料理《りょうり》に**バター**をいためて、酒《さけ》をさすといふ事《こと》がありますが、それは新工風《しんくふう》の法《ほう》ですか？』

夫人『はい、私共《わたくしども》でいろ〳〵に試《こころ》みて工風《くふう》したのですが、**バター**には酒《さけ》が大層合《たいそうあ》ひます。それから澱粉質《でんぷんしつ》に**バター**がよく合《あ》ひますから、豆腐《とうふ》の**バター**煮《に》などといふ新料理《しんりょうり》が出来《でき》ました。それは豆腐《とうふ》を一寸位《すんぐらい》に切《き》つて布《ぬの》の上《うえ》へ並《なら》べて水《みず》を切《き》つて置《お》きます。鍋《なべ》で**バター**を煮立《にた》てゝ今《いま》の豆腐《とうふ》をよくいためて、酒《さけ》をさして醤油《しょうゆ》と砂糖《さとう》で味《あじ》をつけて煮《に》るとなか〳〵美味《おい》しくなります』

記者『豆腐《とうふ》は大層滋養分《たいそうじようぶん》があつて下等社会《かとうしゃかい》の牛肉《ぎゅうにく》だと云《い》ふ位《くらい》ですが、美味《おい》しいお料《りょう》理《り》が出来《でき》れば至極重宝《しごくちょうほう》です』

夫人『豆腐《とうふ》の外《ほか》に白《しろ》い身《み》の魚《さかな》も**バター**煮《に》にしますと大層味《たいそうあじ》が出《で》ます。全体日本料理《ぜんたいにほんりょうり》でも長崎《ながさき》では白《しろ》い身《み》の魚《さかな》を胡麻《ごま》の油《あぶら》でいためて、それから煮《に》ますが、西洋料理《せいようりょうり》では大概《たいがい》**バター**を使《つか》ひます。白《しろ》い身《み》の魚《さかな》は脂肪分《しぼうぶん》が肝臓《かんぞう》にあるとか申《もう》す事《こと》で、腸《ちょう》と一緒《しょ》に捨《す》てゝ仕舞《しま》ひますから、身《み》の方《ほう》へ**バター**の味《あじ》を加《くわ》へるのです』

記者『魚《さかな》の**バター**煮《に》は何《ど》う致《いた》します？』

夫人『鯛《たい》とか鱸《すずき》とか、かれいとか、比目魚《ひらめ》とかその外《ほか》白《しろ》い身《み》の魚《さかな》は何《なん》でも一旦《たん》**バター**でいためて、先《ま》づ酒《さけ》をさして湯《ゆ》を加《くわ》へ、醤油《しょうゆ》と少《すこ》しの砂糖《さとう》で味《あじ》をつけて煮《に》ます』

牛乳《ぎゅうにゅう》は如何《いか》に料理《りょうり》すべきか

記者『牛乳《ぎゅうにゅう》をがぶ飲《の》みにするのは胃《い》の為《た》めによくないと云《い》ふ事《こと》ですが、夏《なつ》は何《ど》んなお料理《りょうり》にしたら手軽《てがる》に美味《おい》しく出来《でき》ませう？』

夫人『左様《さよう》ですね。牛乳《ぎゅうにゅう》一合《ごう》を沸《わ》かして、砂糖《さとう》を大匕《おおさじ》二杯《はい》加《くわ》へます。上等《じょうとう》の葛《くず》を大《おお》匕《さじ》一杯半《ばいはん》水《みず》で釈《と》いて混《ま》ぜながらよく煮《に》ます。それを丼鉢《どんぶりばち》へ入《い》れて水《みず》に浮《う》かせて冷《ひ》やしますと牛乳《ぎゅうにゅう》の葛餅《くずもち》が出来《でき》ます。これは小《ち》さく切《き》つて、桃《もも》の煮《に》たのか或《あるい》は杏《あんず》の煮《に》たのか、何《なん》でも果物《くだもの》の煮《に》たものと一緒《しょ》に食《た》べるものです。果物《くだもの》がなければ苺《いちご》の**ジャム**をお湯《ゆ》でゆるめてかけてもよし、**シロップ**をかけてもよう御座《ござ》います』

記者『それは全体《ぜんたい》西洋《せいよう》料理《りょうり》ですか？』

夫人『はい西洋《せいよう》料理《りょうり》から応用《おうよう》したのです。本式《ほんしき》にすると葛《くず》の代《かわ》りに**コンスタッチ**大《おお》匕《さじ》二杯《はい》を冷《つめ》たい牛乳《ぎゅうにゅう》で釈《と》いて加《くわ》へます』

記者『まだ爾《さ》う云《い》ふお料理《りょうり》がありますか？』

夫人『はい牛乳《ぎゅうにゅう》料理《りょうり》は沢山《たくさん》御座《ござ》いますが、暑《あつ》い時《とき》ならば牛乳羹《ぎゅうにゅうかん》がようございませう。それは寒天《かんてん》を湯《ゆ》へ二三時間《じかん》つけて、煮立《にた》つた牛乳《ぎゅうにゅう》一合《ごう》五勺《しゃく》の中《なか》へ一本《ぽん》の寒天《かんてん》を入《い》れます。砂糖《さとう》を大匕《おおさじ》二杯《はい》入《い》れて、よく煮《に》て一旦《たん》漉《こ》して冷《さま》しますと固《かた》まります。これも西洋風《せいようふう》にして寒天《かんてん》の代《かわ》りに**ゼラチン**を一合《ごう》の牛乳《ぎゅうにゅう》へ四枚《まい》程《ほど》用《もち》ふると一層《そう》味《あじ》がよう御座《ござ》います』

記者『牛乳《ぎゅうにゅう》は**ゼラチン**でも寒天《かんてん》でも同《おな》じ様《よう》に固《かた》まりませうか？』

夫人『牛乳《ぎゅうにゅう》によつては食物《しょくもつ》の加減《かげん》で最初《さいしょ》から酸性《さんせい》になつて居《お》るのがありますから爾《そ》ういふのは寒天《かんてん》や**ゼラチン**へ入《い》れると白《しろ》く固《かた》まつてよく混《まざ》りません』

記者『いろ〳〵どうも難有《ありがと》う御座《ござ》いました』

夫人『まあお待《ま》ちなさい。只今《ただいま》夏蜜柑《なつみかん》の**グラスカスター**を御馳走《ごちそう》致《いた》しますから』

と言下《げんか》に大《だい》なる**コップ**は雪塊《せっかい》の如《ごと》きものを載《の》せて卓上《たくじょう》に持《も》ち出《いだ》されたり。記者之《これ》を試《こゝろ》みるに心胸爽然《しんきょうそうぜん》として涼風《りょうふう》腋下《えきか》に生《しょう》ずるを覚《おぼ》ゆ。

冷《ひや》し珈琲《コーヒー》は如何《いか》にして造《つく》るか（八月記）

記者《きしゃ》が弦斎夫人《げんさいふじん》を訪《と》ふの日《ひ》、炎熱燃《えんねつも》ゆるが如《ごと》く、二三町《ちょう》の歩行《ほこう》汗《あせ》流《なが》れて衫《さん》を湿《うるお》す席《せき》に着《つ》くや女中《じょちゅう》先《ま》づ**コップ**に冷《ひや》し珈琲《コーヒー》を持《も》ち来《きた》る。之《これ》を口《くち》にすれば涼気《りょうき》肌《はだへ》に生《しょう》じて、佳味芳香《かみほうこう》口《くち》を離《はな》れず。こゝに於《お》いてか、

記者『此珈琲《このコーヒー》は特別《とくべつ》に味《あじ》がよくつて何《なん》とも申《もう》されませんが、これはどういふ風《ふう》にお拵《こしら》へになりますか？』

夫人『はい、これは夏《なつ》の飲料《いんりょう》には極《ご》く宜《よろ》しいもので、宅《たく》では何時《いつ》もこれを拵《こしら》へ氷箱《こおりばこ》の中《なか》へ冷《ひや》して置《お》きます。炎天《えんてん》を歩《ある》いて来《き》て之《これ》を飲《の》みますと実《じつ》に美味《おい》しう御座《ござ》います。此冷《このひや》し珈琲《コーヒー》は別段《べつだん》むづかしいことではありません。たゞ珈琲《コーヒー》を煎《せん》じ出《だ》して牛乳《ぎゅうにゅう》と砂糖《さとう》を入《い》れ、氷箱《こおりばこ》で冷《ひや》して置《お》くか、氷箱《こおりばこ》の無《な》い御家《おうち》なら冷水《れいすい》へ漬《つ》けて置《お》けば宜《よ》いのです』

記者『其珈琲《そのコーヒー》の出《だ》し方《かた》には何《なに》か工合《ぐあい》がありますか？』

夫人『別段《べつだん》に工合《ぐあい》といふ程《ほど》の事《こと》もありませんが、珈琲《コーヒー》の出《だ》し方《かた》には色々《いろいろ》の流義《りゅうぎ》があります。宅《たく》で致《いた》しますのは先《ま》づ鍋《なべ》の中《なか》へ一人前《にんまえ》に付《つき》珈琲《コーヒー》を茶匙《ちゃさじ》なら三杯《ばい》、大匙《おおさじ》なら一杯《ぱい》の割《わり》で入《い》れます。そこへ玉子《たまご》の白身《しろみ》があれば白身《しろみ》を入《い》れますが、大抵《たいてい》は玉子《たまご》を外《ほか》の事《こと》に使《つか》つた時《とき》、割《わ》つた殻《から》へ白身《しろみ》の少《すこ》し残《のこ》る様《よう》にして置《お》いて、その殻《から》を一人前《にんまえ》に三《み》つ位使《ぐらいつか》ひます。殻《から》は珈琲《コーヒー》の中《なか》へ入《い》れてよくつぶし、そこへ大匙《おおさじ》二杯《はい》の冷水《れいすい》を加《くわ》へて珈琲《コーヒー》と玉子《たまご》の殻《から》とをよく混《ま》ぜます。それを火《ひ》にかけて二三分間《ぶんかん》グツ〳〵煮立《にた》てましたら、煮立《にた》つて居《い》る熱湯《にえゆ》を一合程《ごうほど》さして、強《つよ》くない火《ひ》で五分位《ふんぐらい》煮《に》ます。それを火《ひ》から卸《おろ》して直《す》ぐにホンの少《すこ》しの冷水《れいすい》を入《い》れますと珈琲《コーヒー》がよく澄《す》みます。これを叮嚀《ていねい》にすれば**フランネル**で漉《こ》して牛乳《ぎゅうにゅう》と砂糖《さとう》を加《くわ》へて瓶《びん》へ入《い》れますが、**フランネル**でなくつても、布巾《ふきん》の端《はし》で漉《こ》しても珈琲漉《コーヒーこ》しで漉《こ》しても一旦《たん》**アク**が抜《ぬ》いてありますから色《いろ》が奇麗《きれい》です。飲《の》む時《とき》には瓶《びん》から**コップ**に注《つ》いで、**レモン**油《ゆ》をホンの一二滴落《てきおと》して、チヨイと混《ま》ぜて出《だ》しますと一層《そう》味《あじ》が宜《よ》う御座《ござ》います（此の冷し珈琲は牛乳が多きに過ぐれば味悪し）』

記者『珈琲《コーヒー》は挽《ひ》いたのをお買《か》ひになりますか？』

夫人『珈琲《コーヒー》は挽《ひ》き立《た》てでないと味《あじ》がありませんから、宅《たく》では多《おお》く豆《まめ》を買《か》つて家《うち》で炒《い》つて挽《ひ》きますけれども、挽《ひ》き立《た》てのをお買《か》ひになれば宜《よ》ろしう御座《ござ》います』

記者『珈琲《コーヒー》は何《なん》といふものが宜《よ》う御座《ござ》いますか？』

夫人『**モカ**といふものが宜《よ》うございます』

氷箱《こおりばこ》は如何《いか》に使《つか》ふか

記者『御宅《おたく》では氷箱《こおりばこ》を御使《おつか》ひのやうですが、氷箱《こおりばこ》はさぞ御便利《ごべんり》なものでせうね』

夫人『はい、氷箱《こおりばこ》がありますと甚《はなは》だ便利《べんり》です』

記者『失礼《しつれい》ながら氷箱《こおりばこ》は何程位致《いかほどぐらいいた》します？』

夫人『私共《わたくしども》のは舶来《はくらい》ですから少《すこ》し高《たか》う御座《ござ》います。新《あたら》しく買《か》つて三十円《えん》から四十円《えん》（現在の価値に換算すると八十万円位）位致《ぐらいいた》しますが、その代《かわ》り舶来《はくらい》の方《ほう》が毎日《まいにち》の氷《こおり》が余計《よけい》入りませんから大層徳用《たいそうとくよう》です』

記者『和製《わせい》は如何程致《いかほどいた》します？』

夫人『拾《じゅう》七、八円《えん》で此位《このくらい》な大《おお》きさのがあると申《もう》しますが構造《こうぞう》も弱《よわ》いし、氷《こおり》も余計《よけい》入りますから御損《ごそん》で御座《ござ》いませう』

記者『氷《こおり》は如何程入《いかほどい》りますか？』

夫人『価段《ねだん》の安《やす》い冷《ひや》し氷《こおり》を一日《にち》に一貫《かん》五百目《め》から二貫目《かんめ》位入《ぐらいい》れればどんな暑《あつ》い時《とき》で

も氷箱《こおりばこ》の中《なか》は五十五六度《ど》の温度《おんど》で居《お》ります』

記者『東京《とうきょう》では冷《ひや》し氷《ごおり》を特約《とくやく》して買《か》ふと安《やす》い時《とき》は一貫目《かんめ》七銭位《せんぐらい》で買《か》へますから、先《ま》づ十四五銭《せん》で済《す》みますね』

夫人『左様《さよう》です。その代《かわ》り食物《しょくもつ》を入《い》れても永《なが》く腐《くさ》りませんし、生《なま》の肉《にく》でも煮《に》たものでも冬《ふゆ》のやうに保存《ほぞん》して置《お》けますから其利益《そのりえき》は氷代位《こおりだいぐらい》にかへられません。氷箱《こおりばこ》も小《ちい》さいのなら一日《にち》に一貫目位《かんめぐらい》の氷《こおり》で済《す》みます。又毎日《またまいにち》新《あたら》しい氷《こおり》を入《い》れるよりも、一度《ど》に大《おお》きな氷《こおり》を十貫目程《かんめほど》入《い》れて置《お》く方《ほう》が四日《よっか》も五日《いつか》も溶《と》けませんから徳《とく》用《よう》で御座《ござ》います』

グラスカスターは如何《いか》に造《つく》るか

記者『先月頂戴《せんげつちょうだい》したグラスカスターとか申《もう》すものは夏《なつ》の飲料《いんりょう》に大層結構《たいそうけっこう》ですが、あれは何《ど》うしてお拵《こしら》へになりますか?』

夫人『あれは夏《なつ》の御馳走《ごちそう》に大層好《たいそうよ》いもので、割合《わりあい》に手間《てま》もかゝりません。先《ま》づ鍋《なべ》の中《なか》へ玉子《たまご》の黄身《きみ》ばかり四《よ》つ落《おと》して、砂糖《さとう》を中匙《ちうさじ》四杯《はい》入《い》れてよく混《ま》ぜます。そこへ牛乳《ぎゅうにゅう》一合《ごう》を少《すこ》しづゝ幾度《いくたび》にも加《くわ》へてよく混《ま》ぜます。別《べつ》に大《おお》きな鍋《なべ》へ湯《ゆ》を沸《わ》かして、その中《なか》へ前《まえ》の鍋《なべ》を入《い》れて湯煎《ゆせん》にしながら、中《なか》の物《もの》を掻《か》き廻《まわ》して居《い》ると段《だん》々濃《だんこ》くなります。ドロ〳〵位《くらい》になつた所《ところ》で火《ひ》から卸《おろ》して冷水《れいすい》の中《なか》へでも或《あるい》は氷《こおり》の中《なか》へでも漬《つ》けて置《お》いて冷《ひや》します。それを出《だ》す時《とき》に**コップ**へ注《つ》いで先日差上《せんじつさしあ》げたのは夏蜜柑《なつみかん》の汁《しる》を絞《しぼ》り込《こ》んで、上《うえ》へ玉子《たまご》の白身《しろみ》をかけたのです』

記者『玉子《たまご》の白身《しろみ》は泡立《あわた》てたのをお入《い》れになるのでございますか?』

夫人『はい少《すこ》しの砂糖《さとう》を加《くわ》へて玉子《たまご》廻《まわ》しで雪《ゆき》のやうに泡立《あわた》てたのを入《い》れます』

記者『夏蜜柑《なつみかん》の汁《しる》でなければ外《ほか》のものを入《い》れてはいけませんか?』

夫人『はい、此節《このせつ》ならば桃《もも》を煮《に》て、其汁《そのしる》を冷《ひや》してお入《い》れになつても宜《よ》う御座《ござ》いますし、杏《あんず》の煮《に》た汁《しる》でもよし、葡萄《ぶどう》の汁《しる》を生《なま》で絞《しぼ》つて入《い》れてもよし、生《なま》**レモン**の汁《しる》を絞《しぼ》つて入《い》れてもよし、其外何《そのほかなん》でも酸味《すみ》のある菓物《くだもの》の汁《しる》を入《い》れゝばよいのです』

記者『難有《ありがと》う御座《ござ》いました。宅《たく》へ帰《かえ》つたら直《す》ぐ試《た》めして見《み》ませう』

夫人『是非《ぜひ》御試《おた》めしなすつて御覧《ごらん》なさい。外《ほか》にむつかしいことは御座《ござ》いませんが、湯煎《ゆせん》にする時《とき》あんまり早《はや》く火《ひ》から卸《おろ》すと玉子《たまご》の匂《におい》が抜《ぬ》けませんし、あんまり永《なが》く煮過《にす》ぎると玉子《たまご》が堅《かた》くなつて飲《の》むよりも寧《むし》ろ食《た》べるといふ位《くらい》になります』

記者『何《なん》でも二三度《ど》は失敗《しっぱい》して見《み》なければよく出来《でき》ませんね』

夫人『一度《ど》試《た》めしてよく出来《でき》ないと、それぎりお止《よ》しになる様《よう》では迚《とて》も料理法《りょうりほう》をお覚《おぼ》えになることが出来《でき》ません。三度《ど》も四度《たび》も試《た》めして御覧《ごらん》になると、其中《そのうち》に必《かなら》ずこゝぞと云《い》ふ工合《ぐあい》がお分《わか》りになるでせう』

レモネードは如何《いか》に造《つく》るか

記者『その外《ほか》に夏《なつ》の飲《の》み物《もの》で美味《おい》しいものはありますまいか？』

夫人『はい色々《いろいろ》あります。西洋食品屋《せいようしょくひんや》から英国製《えいこくせい》の**ライムジユース**即《すなわ》ち**ライム**と云《い》ふ小《ちい》さな**レモン**の様《よう》な果物《くだもの》の絞《しぼ》つたものを一瓶《ひとびん》と、外《ほか》に何《なん》の果物《くだもの》でも宜《よ》う御座《ござ》いますから**シロップ**を一瓶《ひとびん》お買《か》ひになつてお置《お》きになれば、それへ葡萄酒《ぶどうしゅ》を加《くわ》へて美味《おい》しい飲料《いんりょう》が出来《でき》ます』

記者『それは何《ど》うしてお拵《こしら》へになります？』

夫人『先《ま》づ**コップ**へ水《みず》を八分目《ぶんめい》入れて、そこへ**ライムジユース**を小匙《こさじ》二杯《はい》、**シロップ**を小匙《こさじ》二杯《はい》、葡萄酒《ぶどうしゅ》を二杯《はいい》入れてよく混《ま》ぜ、冷《ひや》して置《お》くと美味《おい》しいものが出来《でき》ます』

記者『もつと手軽《てがる》なものは御座《ござ》いませんか？』

夫人『左様《さよう》ですね、先《ま》づ水《みず》一合《ごう》の中《なか》へ砂糖《さとう》を大匙《おおさじ》一杯《ぱいい》入れて、結晶《けっしょう》した枸櫞酸《クエンサン》を半《はん》**グラム**即《すなわ》ち一分《ぶん》三厘《りん》を溶《と》かして入《い》れ、**レモン**油《ゆ》一二滴《てき》落《おと》してよく掻《か》き混《ま》ぜて冷《ひや》して置《お》いても宜《よ》う御座《ござ》います。よく世間《せけん》では枸櫞酸《クエンサン》の代《かわ》りに稀塩酸《キエンサン》を使《つか》ふ人《ひと》がありますがあれはよくありません』

記者『それは何《なん》といふものでせう？』

夫人『はい、簡略《かんりゃく》な**レモネード**で御座《ござ》います』

記者『本式《ほんしき》の**レモネード**は何《ど》うしたものですか？』
夫人『本式《ほんしき》の**レモネード**は砂糖水《さとうみず》の中《なか》へ生《なま》**レモン**の汁《しる》を絞《しぼ》り込《こ》んで、皮《かわ》を少《すこ》し擦卸《すりおろ》して加《くわ》へたものです』
記者『生《なま》**レモン**はチヨイとありませんから、其代《そのかわ》りになるものはありませんか？』
夫人『食品屋《しょくひんや》から**レモンシユガー**即《すなわ》ち砂糖《さとう》へ**レモン**の汁《しる》を浸《し》み込《こ》ましたものを買《か》つて、それを水《みず》に溶《と》いて**レモン**油《ゆ》一滴《てき》を加《くわ》へても出来《でき》ます』
記者『まだ其外《そのほか》に**レモネード**がありますか？』
夫人『**ミルクレモネード**と申《もう》すものは大匙《おおさじ》三杯《ばい》の砂糖水《さとうみず》へ、大匙《おおさじ》三杯《ばい》の牛乳《ぎゅうにゅう》と、生《なま》**レモン**の絞《しぼ》り汁《じる》大匙《おおさじ》一杯《ぱい》を加《くわ》へます』

桃《もも》は如何《いか》に料理《りょうり》するか

記者『今《いま》は桃《もも》が沢山《たくさん》出《で》て居《い》ますが、あれはお料理《りょうり》に使《つか》へますか？』
夫人『はい、桃《もも》もお料理《りょうり》に使《つか》ひます。全体桃《ぜんたいもも》だの、林檎《りんご》だのといふものは、生《なま》で食《た》べる種類《しゅるい》と、料理《りょうり》して食《た》べる種類《しゅるい》と二色《ふたいろ》ありますが、世間《せけん》ではまだ此区別《このくべつ》を知《し》らないで料理《りょうり》用《よう》の種類《しゅるい》を生《なま》で食《た》べたり、生《なま》で美味《おい》しいものを煮《に》たりする事《こと》が折《おり》折《おり》ある様《よう》です。桃《もも》の中《なか》でも上海水蜜桃《シャンハイすいみつとう》とか**アームステンジン**とか、白水蜜《しろすいみつ》とかいふものは生《なま》で食《た》べる種類《しゅるい》です。天津桃《てんしんもも》とか、或《あるい》は日本在来《にほんざいらい》の桃《もも》などは煮《に》て食《た》べる種類《しゅるい》です。水蜜桃《すいみつとう》でもよく熟《じゅく》して居《い》ないのは煮《に》て食《た》べた方《ほう》が美味《おい》しう御座《ござ》います』

記者『桃《もも》は煮《に》るばかりですか?』

夫人『いゝえ**フライ**にもなります』

記者『桃《もも》の**フライ**とは珍《めず》らしいお料理《りょうり》ですが、何《ど》う致《いた》します?』

夫人『先《ま》づ桃《もも》の皮《かわ》をむいて二《ふた》つに割《わ》り、種《たね》を取《と》つて小《ち》さく切《き》り、一時間《じかん》ばかり砂糖《さとう》へ漬《つ》けて置《お》きます。別《べつ》に鉢《はち》の中《なか》へ玉子《たまご》一《ひと》つと、砂糖大匙《さとうおおさじ》一杯《ぱい》とを入《い》れてよく混《ま》ぜます。そこへホンの少《すこ》しの塩《しお》と**メリケン**粉《こ》を大匙《おおさじ》二杯《はい》と、少《すこ》しの牛乳《ぎゅうにゅう》とをドロ〳〵位《ぐらい》に溶《と》きます。その中《なか》へ桃《もも》を入《い》れて掻《か》き揚《あ》げのやうに匙《さじ》で掬《すく》つて**ラード**

か**サラダ**油《ゆ》で揚《あ》げます。客《きゃく》へ出《だ》す時《とき》には砂糖《さとう》をかけてもよし、果物《くだもの》の**シロップ**をかけても宜《よ》う御座《ござ》います』

記者『桃《もも》を煮《に》るのは何《ど》う致《いた》しますか？』

夫人『煮方《にかた》にも色々《いろいろ》ありますが、ザット煮《に》るには皮《かわ》をむいたら直《す》ぐに水《みず》の中《なか》へ入《い》れないと、アクが出《で》て色《いろ》が悪《わる》くなります。それを鍋《なべ》に取《と》つて別《べつ》の水《みず》と砂糖《さとう》を加《くわ》へて三十分程《ほど》煮《に》ます』

記者『その侭《まま》食《た》べても宜《よ》う御座《ござ》いませうか？』

夫人『その侭《まま》でも宜《よ》う御座《ござ》いますが、**カステラ**を切《き》つて煮《に》た汁《しる》を沢山《たくさん》浸《し》み込《こ》まし其《その》上《うえ》へ桃《もも》を載《の》せて食《た》べると尚《なお》宜《よ》う御座《ござ》います。叮嚀《ていねい》にすると煮《に》たものを汁《しる》共《とも》裏漉《うらご》しにし、薄《うす》く切《き》つた**カステラ**へ載《の》せ、其上《そのうえ》へ又《また》カステラを載《の》せ、又《また》桃《もも》を載《の》せ三段《だん》にも四段《だん》にもして、一番《ばん》上《うえ》に桃《もも》を載《の》せ汁《しる》を沢山《たくさん》掛《か》けて出《だ》すと尚《なお》美味《おい》しう御座《ござ》います』

記者『爾《そ》う云《い》ふ風《ふう》にして汁《しる》を使《つか》へば残《のこ》りませんけれども、煮《に》た桃《もも》ばかり食《た》べても汁《しる》が沢山《たくさん》残《のこ》ります。その汁《しる》は何《なに》か利用法《りようほう》がありますか?』

夫人『はい、其《その》汁《しる》は**ゼリー**にすると立派《りっぱ》な御馳走《ごちそう》になります』

ゼリーは如何《いか》に造《つく》るか

記者『**ゼリー**とは何《なん》で御座《ござ》います?』

夫人『**ゼラチン**で寄《よ》せたもので、冷《ひや》して出《だ》しますと夏《なつ》の御馳走《ごちそう》には極《ご》く宜《よ》う御座《ござ》います』

記者『桃《もも》の**ゼリー**はどう致《いた》します?』

夫人『**ゼラチン**を四枚《まい》程《ほど》水《みず》に漬《つ》けて二時《じ》間《かん》置《お》きます。桃《もも》の汁《しる》を一合《ごう》程《ほど》煮《に》立《た》て今《いま》の**ゼラチン**を入《い》れて悉皆《すっかり》溶《と》けた処《ところ》で一旦《たん》漉《こ》します。それを**ブリッキ**の型《かた》へでも或《あるい》は外《ほか》の器《うつわ》へでも入《い》れて、氷《こおり》の中《なか》か冷水《れいすい》の中《なか》で冷《ひや》して置《お》くと直《すぐ》に固《かた》まります。これを型《かた》から取《と》り、皿《さら》へ載《の》せて出《だ》すと桃《もも》の金玉糖《きんぎょくとう》のやうなものが出来《でき》ます。汁《しる》ばかりでなく此中《このなか》へ裏漉《うらご》しにした桃《もも》の実《み》を入《い》れても宜《よ》う御座《ござ》います』

記者『型《かた》からはうまく抜《ぬ》けませうか？』

夫人『手《て》のつけられる位《くらい》な湯《ゆ》へ型《かた》の侭《まま》半分《はんぶん》程《ほど》浸《つ》け、直《す》ぐ出《だ》して布巾《ふきん》で手早《てばや》く拭《ふ》き、振《ふ》り動《うご》かして皿《さら》の上《うえ》へスポリとあげます』

記者『つまり型《かた》を温《あたゝ》めて型《かた》の周囲《まわり》を溶《と》かす訳《わけ》ですね』

夫人『はい、左様《そう》です。手早《てばや》くしないと中《なか》まで溶《と》けますからそこがチヨイと工合《ぐあい》ものです』

記者『何《なん》の果物《くだもの》でも**ゼリー**になりますか？』

夫人『はい、何《なん》でもなりますが、中《なか》にも葡萄《ぶどう》が一番《ばん》美味《おい》しいやうです。葡萄《ぶどう》の**ゼリー**は皮《かわ》の侭《まま》よく洗《あら》ひ水《みず》と砂糖《さとう》で煮《に》て裏漉《うらご》しにし、それを火《ひ》にかけて**ゼラチン**を入《い》れます。何《なん》の果物《くだもの》でも**ゼリー**にする時《とき》には甘味《あまみ》を勝《か》たして置《お》かないと固《かた》まつた時《とき》水《みず》つぽくなります』

記者『果物《くだもの》の外《ほか》にまだ**ゼリー**になるものがありませうか？』

夫人『鯛《たい》とか、鱸《すずき》とか、鱚《きす》とか、鰈《かれい》とかいふやうなものを煮《に》てその汁《しる》を取《と》つて置《お》いて**ゼラチン**で寄《よ》せると美味《おい》しい**ゼリー**が出来《でき》ます。それから牛《うし》や鶏《とり》の**スープ**を**ゼラチン**で寄《よ》せたものも夏《なつ》のお料理《りょうり》には沢山《たくさん》使《つか》ひます』

玉子《たまご》の淡雪《あわゆき》とは何《なに》か

記者『日外《いつ》ぞやこちらへ伺《うかが》ひました時《とき》、玉子《たまご》の淡雪《あわゆき》といふものを戴《いたゞ》きましたが、アノ拵《こしら》へ方《かた》を教《おし》へて頂《いたゞ》きたいものです』

夫人『あれはちよいと美味《おい》しいお菓子《かし》になりますが、玉子《たまご》と牛乳《ぎゅうにゅう》さへあれば何《なん》でもなく出来《でき》ます。先《ま》づ玉子《たまご》三《み》つの白身《しろみ》ばかりへ少《すこ》し砂糖《さとう》を加《くわ》へ、玉子《たまご》廻《まわ》しで充分《じゅうぶん》に泡立《あわだ》てゝ逆《さか》さまにしても落《お》ちない位《くらい》に致《いた》します。一合《ごう》の牛乳《ぎゅうにゅう》を煮立《にた》てゝその中《なか》へ今《いま》の白身《しろみ》を入《い》れ掻《か》き廻《まわ》すと非常《ひじょう》に膨《ふく》れます。それを孔《あな》のある杓子《しゃくし》で平《ひら》たい皿《さら》へ取《と》ります。それでもまだ牛乳《ぎゅうにゅう》が半分程《はんぶんほど》残《のこ》つて居《い》ますから三《み》つの黄身《きみ》へ砂糖《さとう》を大匙《おおさじ》二杯程《はいほど》入《い》れて残《のこ》つた牛乳《ぎゅうにゅう》へ入《い》れ掻《か》き混《ま》ぜて直《す》ぐ卸《おろ》すとドロ〲のものが出来《でき》ます。それを白身《しろみ》の上《うえ》へかけて出《だ》すのが淡雪《あわゆき》で御座《ござ》います』

唐茄子《とうなす》（カボチャ）は如何《いか》に料理《りょうり》するか

記者『今月《こんげつ》から唐茄子《とうなす》が出《で》て参《まい》りますが、唐茄子《とうなす》の美味《おい》しいお料理《りょうり》がありますか？』

夫人『唐茄子《とうなす》は西洋料理《せいようりょうり》にすると大層美味《たいそうおい》しくなるものです。殊《こと》に**バター**焼《やき》は唐茄子《とうなす》のお嫌《きら》ひなお方《かた》でも喜《よろこ》んで召《め》し上《あ》がります』

記者『御婦人《ごふじん》で唐茄子《とうなす》のお嫌《きら》ひな御方《おかた》は殆《ほと》んどありますまい』

夫人『おほゝゝこれならば男子方《だんしがた》でも召上《めしあが》りますお待《ま》ちなさい、後《あと》で御馳走《ごちそう》いたしますから』

記者『何卒願《どうぞねが》ひます。ところで其料理法《そのりょうりほう》は？』

夫人『それには唐茄子《とうなす》の皮《かわ》をむいて小《ちい》さく切《き》り、上等《じょうとう》にすれば蒸《む》します。手軽《てがる》にすればゆでゝも宜《よ》う御座《ござ》います。それを鉢《はち》へ並《なら》べて塩《しお》と砂糖《さとう》をよい加減《かげん》に振《ふ》りかけて**バター**をところ〲へ沢山《たくさん》載《の》せて**テンピ**の中《なか》で上《うえ》の方《ほう》が少《すこ》し位《ぐらい》こげる程《ほど》に焼《や》きます。先《ま》づ三十分《ぷん》から四十分位《ぷんぐらい》かかります。斯《こ》うすれば**バター**が唐茄子《とうなす》へ浸《し》みて実《じつ》に美味《おい》しう御座《ござ》います』
記者『**テンピ**の無《な》い家《うち》では出来《でき》ませんが外《ほか》に美味《おい》しいお料理《りょうり》がありますか？』
夫人『では蒸《む》し菓子《がし》をお話致《はなしいた》しませう。それは今《いま》の様《よう》に蒸《む》すか、或《あるい》はゆでるかした唐茄子《とうなす》を大匙《おおさじ》十杯程《ばいほど》の分量《ぶんりょう》で鉢《はち》へ入《い》れてよく擦《す》ります。そこへ生玉子《なまたまご》二《ふた》つと、**メリケン**粉《こ》大匙《おおさじ》二杯《はい》、砂糖《さとう》大匙《おおさじ》三杯《ばい》と、肉桂《にくけい》の粉《こ》小匙《こさじ》半分《はんぶん》とを入《い》れてよく混《ま》ぜ、牛乳《ぎゅうにゅう》を大匙《おおさじ》三杯程《ばいほど》加《くわ》へてドロ〲にします。それを茶碗蒸《ちゃわんむ》しの茶碗《ちゃわん》へ入《い》れて、茶碗蒸《ちゃわんむ》しの様《よう》に蒸《む》すと大層美味《たいそうおい》しいお菓子《かし》が出来《でき》ます』
記者『肉桂《にくけい》の粉《こ》は是非《ぜひ》入《い》れなければなりませんか？』
夫人『それを入《い》れないと唐茄子《とうなす》の味《あじ》が出《で》ません。薬屋《くすりや》にでも食品屋《しょくひんや》にでも売《う》つて居《お》ります』
記者『蒸《む》し加減《かげん》がむつかしう御座《ござ》いますか？』
夫人『左程《さほど》むつかしくはありませんが蒸《む》し過《す》ぎてもいけませんし生《なま》でもいけません。細《ほそ》い箸《はし》を真中《まんなか》へ差込《さしこ》んで見《み》て生々《なまなま》しいものが着《つ》いて来《こ》ねばそれでよいのです』

記者『まだその外《ほか》にもチヨイとしたお料理《りょうり》がありますか?』
夫人『はい、今《いま》のやうにすりつぶした唐茄子《とうなす》を大匙《おおさじ》五杯《はい》の中《なか》へ**メリケン**粉《こ》大匙《おおさじ》二杯《はい》と、玉子《たまご》一《ひと》つと、砂糖《さとう》大匙《おおさじ》二杯《はい》とをよく混《ま》ぜ、匙《さじ》で掬《すく》って**ラード**か、**サラダ**油《ゆ》で揚《あ》げると唐茄子《とうなす》の**フライ**が出来《でき》ます。此侭《このまま》でも食《た》べられますが上等《じょうとう》にすると果物《くだもの》のシロップか葡萄酒《ぶどうしゅ》の**ソース**をかけると尚結構《なおけっこう》です』
記者『葡萄酒《ぶどうしゅ》の**ソース**は何《ど》うして拵《こしら》へますか?』
夫人『一合《ごう》の水《みず》の中《なか》へ料理用《りょうりよう》の葡萄酒《ぶどうしゅ》を大匙《おおさじ》二杯《はい》、砂糖《さとう》大匙《おおさじ》二杯《はい》を加《くわ》へて煮立《にた》つた処《ところ》へ**コンスターチ**か、葛《くず》の粉《こ》を中匙《ちゅうさじ》一杯《ぱい》水《みず》で溶《と》いて入《い》れます』

赤茄子《トマト》は如何《いか》に料理《りょうり》するか

記者『赤茄子《トマト》を食《た》べないと西洋料理《せいようりょうり》の味《あじ》が分《わか》らないと申《もう》しますが、あれはどうした方《ほう》が一番美味《ばんおい》しう御座《ござ》いますか?』

夫人『赤茄子《トマト》の食《た》べ方《かた》は色々《いろいろ》ありますが、先《ま》づ丸《まる》の侭熱湯《ままにえゆ》をかけ、皮《かわ》を剥《む》いて輪切《わぎり》に切《き》ります。それをちよいと酢《す》につけてお皿《さら》へ取《と》り、その上《うえ》に苺《いちご》の**ジヤム**か、**シロツプ**をかけたのが手軽《てがる》で味《あじ》が宜《よ》う御座《ござ》います。斯《こ》うしたのは赤茄子《トマト》の嫌《きら》ひな御方《おかた》でも喜《よろこ》んで召上《めしあが》ります』

記者『その外《ほか》のお料理《りょうり》は？』

夫人『前《まえ》の様《よう》に赤茄子《トマト》へ熱湯《にえゆ》をかけて皮《かわ》を剝《む》き**ナイフ**で真中《まんなか》をくり抜《ぬ》いてゆで玉子《たまご》の細《こま》かく刻《きざ》んだのを**マイナイスソース**であへて詰《つ》めます。これは手《て》がかゝる代《かわ》りに大層美味《たいそうおい》しくいくらでも食《た》べられます。氷箱《こおりばこ》があればその中《なか》へ入《い》れて冷《ひや》して置《お》きますと夏《なつ》のお料理《りょうり》には此上《このうえ》なしです。これは赤茄子《トマト》の**シタフエ**と申《もう》します』

記者『それはさぞ綺麗《きれい》で御座《ござ》いませう。玉子《たまご》の代《かわ》りに外《ほか》のものを詰《つ》めても宜《よ》う御座《ござ》いますか？』

夫人『はい、ゆでた魚《さかな》の身《み》や**ロース**肉《にく》の残《のこ》り物《もの》又《また》は鶏肉《とりにく》などを一旦《たん》ゆでゝ細《こま》かく刻《きざ》んで**マイナイス**であへます』

記者『**マイナイス**はどうして拵《こしら》へますか?』

夫人『ゆで玉子《たまご》の黄身《きみ》一《ひと》つを裏漉《うらご》しにして、その中《なか》へ生玉子《なまたまご》の黄身《きみ》一《ひと》つと小匙《こさじ》一杯《ぱい》の塩《しお》小匙《こさじ》半分《はんぶん》の砂糖《さとう》と辛子《からし》少々《しょうしょう》、胡椒《こしょう》少《すこ》しとを加《くわ》へて玉子《たまご》廻《まわ》しでよく掻《か》き混《ま》ぜます。**サラダ**油《ゆ》大匙《おおさじ》三杯と西洋酢《せいようす》大匙《おおさじ》一杯《ぱい》とをよく気長《きなが》に少《すこ》しづゝ幾度《いくたび》にも加《くわ》へてよく掻《か》き廻《まわ》します』

イチボ肉《にく》は如何《いか》に使《つか》ふか

記者『夏《なつ》はお魚《さかな》をお嫌《きら》ひになる方《かた》もありますが、牛肉《ぎゅうにく》のお料理《りょうり》を一《ひと》つ伺《うかが》ひたいものです』

夫人『それでは**ボイル**をお話致《はなしいた》しませう。牛《ぎゅう》の腰《こし》の処《ところ》に在《あ》る**イチボ**肉《にく》を二斤《きん》か三斤《ぎん》、大切《おおぎ》りの侭《まま》それが隠《かく》れる位《くらい》の水《みず》を入《い》れて余《あま》り強《つよ》くない火《ひ》にかけます。煮立《にた》つて来《き》た時上《ときうえ》に浮《う》くアクを掬《すく》ひ取《と》つて、玉葱二《たまねぎふた》つ、人参《にんじん》一本《ぽん》と塩《しお》小匙《こさじ》一杯入《ぱいい》れて三時間程煮《じかんほどに》ます。それを薄《うす》く切《き》つて白《しろ》**ソース**をかけますと柔《やわら》かくつて宜《よ》う御座《ござ》います。尤《もっと》も**イチボ**肉《にく》は値《ね》段《だん》も安《やす》いし、硬《かた》い肉《にく》ですけれども長《なが》く煮《に》れば味《あじ》が良《よ》うございます』

記者『白《しろ》**ソース**の拵《こしら》へ方《かた》は先《せん》月《げつ》伺《うかが》ひました通《とお》りで宜《よ》う御座《ござ》いますか？』

夫人『はい、あの通《とお》りでよう御座《ござ》いますが、上等《じょうとう》にするとその中《なか》へすり卸《おろ》した葵《わさび》をいゝ程《ほど》入《い》れると匂《にお》ひがついて尚《なお》美味《おい》しくなります。つけ合《あわ》せにはゆでた馬鈴薯《じゃがいも》をいゝ加《か》減《げん》に切《き》つて**バター**でいためて塩胡椒《しおこしょう》で味《あじ》をつけます。それへ**パセリ**の細《こま》かく刻《きざ》んだものを振《ふ》りかけて使《つか》ひます』

記者『斯《こ》ういふお料理《りょうり》が残《のこ》りましたらどう致《いた》します？』

夫人『これが残《のこ》りましたら翌日《よくじつ》はその肉《にく》を二分位《ぶぐらい》の厚《あつ》さに切《き》ります。**チサナ**を**マイナイスソース**であへてつけ合《あわ》せにして**サラダ**に致《いた》します。尚《なお》残《のこ》りましたら肉挽《にくひき》器械《きかい》で挽《ひ》くか、庖丁《ほうちょう》で細《こま》かく叩《たた》いて別《べつ》にゆでた馬鈴薯《じゃがいも》をすりつぶします。それを肉《にく》と等分《とうぶん》に混《ま》ぜて塩胡椒《しおこしょう》で味《あじ》をつけます。いゝ加減《かげん》の形《かたち》にして**パン**粉《こ》をつけて揚《あ》げると手軽《てがる》な**コロッケー**になります』

記者『それは大層《たいそう》便利《べんり》で経済《けいざい》になりますね。モウ随分《ずいぶん》沢山《たくさん》伺《うかが》ひましたから後《あと》は此次《このつ》ぎに願《ねが》ひませう』

と、折《おり》しも女中《じょちゅう》が持《も》ち来《きた》りし唐茄子《とうなす》の**バター**焼《やき》を飽食《ほうしょく》して夫人《ふじん》の言《げん》の虚《きょ》ならざるを悟《さと》りぬ。

里芋《さといも》は如何《いか》に料理《りょうり》するか（九月記）

『この頃《ごろ》は御菜園《ごさいえん》がお見事《みごと》でせう。先《ま》づ一応《おう》拝見《はいけん》いたしたいもので』と記者《きしゃ》は後《こう》園《えん》へ廻《まわ》つて一見《けん》したところ青々《あおあお》とした広《ひろ》い野菜畑《やさいばたけ》には西洋西瓜《せいようすいか》南瓜《かぼちゃ》梨瓜《なしうり》などの地《ち》を這《は》ふ様《よう》に蔓《はびこ》りて大顆小顆《だいかしょうか》の其間《そのあいだ》に連《つらな》れるあり。茄子畑《なすばたけ》胡瓜畑《きゅうりばたけ》苺畑《いちごばたけ》などの整然《せいぜん》として繁茂《はんも》したる、赤茄子《トマト》の紅玉点々《こうぎょくてんてん》たる藤豆《ふじまめ》の花《はな》の愛《あい》らしき、**キヤベツ**の太《ふと》く逞《たくま》しげに捲《ま》きたる、糸瓜《へちま》の棚《たな》に下《さが》りたる、花椰菜《はなかんらん》の勢《いきおい》よく立《た》てる等《とう》、皆珍《みなめず》らしく心《ここ》地《ち》好《よ》げに見《み》えたるが、折《おり》しも園丁《えんてい》は鍬《くわ》を持《も》つて芋《いも》の根《ね》を掘《ほ》り居《い》たり。記者《きしゃ》問《と》うて曰《いわ》く、記者『こんな砂地《すなち》でも里芋《さといも》が出来《でき》るかね？』

園丁『はい、出来《でき》ますとも、肥土《こえつち》を沢山《たくさん》入《い》れて砂《すな》と混《ま》ぜれば里芋《さといも》でも八つ頭《がしら》でも唐《とう》の芋《いも》でも何《なん》でも良《よ》く出来《でき》ます。御覧《ごらん》なさい、向《むこ》ふに葉《は》が大《おお》きく出来《でき》て居《い》るのは京都《きょうと》の名物《めいぶつ》の鰕芋《えびいも》で御座《ござ》います』

記者『かういふ処《ところ》へ出来《でき》た芋《いも》は味《あじ》が悪《わる》いだらうか？』

園丁『いえ〳〵何《ど》ういたしまして、砂《すな》と土《つち》と混《ま》ぜた処《ところ》で出来《でき》たお芋《いも》は身《み》がしまつて味《あじ》の良《い》いことは迚《とて》も水地《みずち》の芋《いも》なんどが及《およ》ぶところでは御座《ござ》いません』

記者『矢張《やは》り水地《みずち》の様《よう》に柔《やわらか》く出来《でき》るかね？』

園丁『いゝえ、砂《すな》でしまりますから柔《やわらか》くはありません、随分《ずいぶん》固《かた》い方《ほう》です』

記者『固《かた》くつては食《た》べるのに困《こま》るだらう？』

園丁『いゝえ、その固《かた》いお芋《いも》がお奥《おく》でお料理《りょうり》になりますと柔《やわらか》くなつて味《あじ》の良《よ》いことは何《なん》とも申《もう》されません』

記者『成《な》る程《ほど》矢張《やは》り料理《りょうり》法《ほう》によるのだね』

と室《しつ》に帰《かえ》りて弦斎夫人《げんさいふじん》に里芋《さといも》の料理法《りょうりほう》を問《と》ふ。

記者『こちらのお芋《いも》は固《かた》くつても美味《おい》しいさうですが里芋《さといも》は何《ど》ういふ風《ふう》にお料理《りょうり》なさいます？』

夫人『里芋《さといも》を料理《りょうり》するには第《だい》一番《ばん》に粒《つぶ》の大小《だいしょう》を揃《そろ》へるのが肝要《かんよう》です。さもないと大《おお》きいのは遅《おそ》く煮《に》えますし小《ちい》さいのは速《はや》く煮《に》えますし、何《ど》うしても味《あじ》が一様《よう》にまゐりません』

記者『それでは小《ちい》さい粒《つぶ》は丸《まる》のまゝ入《い》れて、大《おお》きいのだけは切《き》つて入《い》れれば宜《よ》う御《ご》座《ざ》いませう？』

夫人『それでも良《よ》い様《よう》なものですけれども宅《たく》などでは里芋《さといも》が沢山《たくさん》とれますから小《ちい》さい粒《つぶ》は揃《そろ》つたのばかり煮《に》ますし、大《おお》きいのは切《き》つて煮《に》るにしても大《おお》きいのばかり揃《そろ》へて煮《に》ます』

記者『成《な》る程《ほど》さうなさればよく出来《でき》るに違《ちが》ひありません。そこで柔《やわらか》くする法《ほう》は？』

夫人『左様《さよう》です、先《ま》づ普通《ふつう》の場合《ばあい》には一旦蒸《たんむ》して煮《に》ます。沢山《たくさん》ならば蒸籠《せいろ》を使《つか》ひますし、少《すこ》しならば御飯蒸《ごはんむし》か何《なに》かでよく蒸《む》して置《お》いて、それから今度《こんど》は味《あじ》を付《つ》けて煮《に》ますと大抵《たいてい》なお芋《いも》は形《かたち》が崩《くず》れないで柔《やわらか》になります』

記者『蒸《む》して煮《に》れば柔《やわらか》くなるに違《ちが》ひありませんが随分手数《ずいぶんてすう》がかかりますね。まだ手《て》軽《がる》な法《ほう》は御座《ござ》いませんか？』

夫人『それは昆布《こんぶ》と一緒《しょ》に煮《に》るのです。昆布《こんぶ》を入《い》れますと里芋《さといも》でも八《や》つ頭《がしら》でも唐《とう》の芋《いも》でも大層柔《たいそうやわらか》くなります。これは昆布《こんぶ》の化学作用《かがくさよう》ださうで大抵《たいてい》の野菜《やさい》は昆布《こんぶ》で柔《やわらか》くすることが出来《でき》ます。大《おお》きな唐《とう》の芋《いも》や八《や》つ頭《がしら》を丸《まる》のまゝ形《かたち》を崩《くず》さないでちぎれる様《よう》に柔《やわら》かに煮《に》るのは大《おお》きな板昆布《いたこんぶ》を鍋《なべ》の底《そこ》へ敷《し》いてその上《うえ》へ芋《いも》を載《の》せて汁《しる》を沢山《たくさん》にして長《なが》く煮《に》るのです。西京《さいきょう》の名物《めいぶつ》の芋棒《いもぼう》なんどはさうしたお芋《いも》を棒《ぼう》鱈《たら》と一緒《いっしょ》に煮《に》たものです』

記者『あれは結構《けっこう》で御座《ござ》いますね。その御伝授《ごでんじゅ》で私《わたくし》も今度《こんど》試《ため》して見《み》ませう。甚《はなは》だ御《ご》無心《むしん》がましい様《よう》ですが只今掘《ただいまほ》つて居《い》るあの里芋《さといも》を少々私《しょうしょうわたくし》に下《くだ》さいませんか？』

夫人『おほゝゝお易《やす》いご用《よう》です。沢山差上《たくさんさしあ》げますからお持《も》ちなさいまし』

記者『東京《とうきょう》へ持《も》つて帰《かえ》つて家内《かない》に料理《りょうり》させて見《み》ませう。里芋《さといも》の料理《りょうり》では何《なに》が美味《おい》しう御座《ござ》いませうか？』

夫人『左様《さよう》ですねえ、今申上《いまもうしあ》げた様《よう》に一旦《たん》蒸《む》したお芋《いも》を美味《おい》しい煮汁《だし》と味淋《みりん》と醤油《しょうゆ》でお煮《に》になればそれで召上《めしあが》られますけれども上等《じょうとう》にすればその上《うえ》へ牛肉《ぎゅうにく》の**ソボロ**をおかけになりますと尚美味《なおおい》しう御座《ござ》います』

記者『**ソボロ**とは何《ど》ういふもので御座《ござ》いますか？』

夫人『**ソボロ**には牛肉《ぎゅうにく》の中《なか》でも**ランプ**肉《にく》といつて赤《あか》い柔《やわらか》いところが宜《よ》う御座《ござ》います。これを極《ご》く細《こま》かに叩《たた》いて鍋《なべ》へ入《い》れまして四五本《ほん》の箸《はし》でよくかきまはしながら暫《しばら》く炒《い》り付《つ》けてそこへ醤油《しょうゆ》と味淋《みりん》を加《くわ》へてカラ〳〵に炒《い》り上《あ》げます』

記者『成《な》る程《ほど》料理《りょうり》屋《や》などへまゐりますとよく野菜《やさい》の上《うえ》へ鳥《とり》の**ソボロ**などがかゝつて居《お》りますがその通《とお》りにして拵《こしら》へるのでせうか？』

夫人『はい、鳥《とり》の**ソボロ**も同《おな》じことで御座《ござ》います』

記者『私共《わたくしども》でも食道楽《しょくどうらく》主義《しゅぎ》にかぶれて肉挽器械《にくひききかい》の安物《やすもの》を先日《せんじつ》買入《かいい》れましたが牛肉《ぎゅうにく》を

細《こま》かく叩《たた》くかはりにあの器械《きかい》で挽《ひ》いても宜《よ》う御座《ござ》いませうか？』

夫人『肉《にく》挽《ひき》器械《きかい》でお挽《ひ》きになれば尚《なお》上等《じょうとう》の細《こま》かい**ソボロ**が出来《でき》ます』

記者『お芋《いも》は西洋料理《せいようりょうり》にもなりますか？』

夫人『はい、色々《いろいろ》の西洋料理《せいようりょうり》になります。手軽《てがる》なのは里芋《さといも》を一旦《たん》ゆでゝ二分《ぶ》位《ぐらい》の大《おお》きさに切《き》つて置《お》きます。**フライ**鍋《なべ》で**バター**を宜《い》い加減《かげん》溶《と》かして先《ま》づ細《こま》かに刻《きざ》んだ葱《ねぎ》をいためましてそこへ前《まえ》のお芋《いも》を入《い》れて塩《しお》と胡椒《こしょう》を加《くわ》へてよく混《ま》ぜながら煮《に》ますとなか〱美味《おい》しう御座《ござ》います。上等《じょうとう》にすれば其中《そのなか》へ**ウシターソース**を少《すこ》し加《くわ》へます』

記者『それならば誰《だれ》にでも出来《でき》ますね。早速《さっそく》宅《たく》へ帰《かえ》つたら試《ため》して見《み》ませう』

彼岸《ひがん》の御馳走《ごちそう》は何《なに》が宜《よ》きか

記者『今月《こんげつ》はお彼岸《ひがん》になりますが何《なに》か珍《めず》らしい御馳走《ごちそう》を拵《こしら》へて近所合壁《きんじょがっぺき》へ配《くば》りたいと思《おも》ひます。何卒《どうか》一《ひと》つお教《おし》へなすつて下《くだ》さいませんか？』

夫人『左様《さよう》ですね。変《かわ》つたものは色々《いろいろ》御座《ござ》いますが丁度《ちょうど》里芋《さといも》のお話《はなし》の序《ついで》ですから里《さと》芋《いも》の**おはぎ**をお教《おし》へ申《もう》しませう』

記者『里芋《さといも》の**おはぎ**とは初《はじ》めて伺《うかが》ひました、味《あじ》は如何《いかが》です？』

夫人『味《あじ》は軽《かる》くつて美味《おい》しう御座《ござ》います』

記者『何《ど》うしてお拵《こしら》へになりますか？』

夫人『それには前《まえ》にも申《もう》した通《とお》り粒《つぶ》の揃《そろ》つた里芋《さといも》を選《よ》つて一升《しょう》ばかりよく奇麗《きれい》に洗《あら》つてそれから水《みず》で長《なが》くゆでます。ゆだつたら温《あたゝか》い内《うち》に裏漉《うらご》しにして一升《しょう》の水《みず》を加《くわ》へて深《ふか》い鍋《なべ》で煮立《にた》てます。それが煮立《にた》つたところへ上《じょう》しん粉《こ》といつてお米《こめ》の粉《こ》一袋《ふくろ》ばかりを少《すこ》しづゝ杓子《しゃくし》でかきまはしながら加《くわ》へて焦《こ》げ付《つ》かない様《よう》に煮《に》ます。さうすると段々《だんだん》固《かた》くなりますがお団子《だんご》位《ぐらい》な固《かた》さにすればよいのです』

記者『その煮加減《にかげん》が中々《なかなか》むづかしう御座《ござ》いませうね？』

夫人『はい、固《かた》くなりますから煮加減《にかげん》よりもかきまはすのに中々《なかなか》骨《ほね》が折《お》れます。そのかはりよく出来《でき》るとさつぱりして実《じつ》に味《あじ》が良《よ》いものです。お団子《だんご》位《ぐらい》な固《かた》さになつたら鍋《なべ》を火《ひ》から卸《おろ》してお団子《だんご》の様《よう》にまるめて餡《あん》をつけても宜《よ》う御座《ござ》いますし、小判形《こばんがた》に平《ひら》たくして**おはぎ**の様《よう》にしても宜《よ》う御座《ござ》いますし、色々《いろいろ》の形《かたち》にしらへることが出来《でき》ますが、黙《だま》つてお客《きゃく》に出《だ》しますと味《あじ》が軽《かる》くつて幾《いく》つでも食《た》べられて、知《し》らない人《ひと》は里芋《さといも》の**おはぎ**と気《き》が付《つ》きません』

記者『上《じょう》しん粉《こ》といふものは、乾物屋《かんぶつや》に売《う》つて居《お》りませうか？』

夫人『はい、袋入《ふくろい》りになつて売《う》つて居《い》ますが並《なみ》しん粉《こ》と上《じょう》しん粉《こ》とありまして並《なみ》しん粉《こ》をお使《つか》ひになるとザラ〴〵していけません』

記者『これも早速試《さっそくため》して見《み》たいと存《ぞん》じますが併《しか》し随分手数《ずいぶんてすう》がかゝりますね、私共《わたしども》の家内《かない》は手数《てすう》のかゝるお料理《りょうり》をする事《こと》が嫌《きら》ひで何《なん》でも手軽《てがる》にチヨコ〳〵と出来《でき》てそして美味《おい》しく食《た》べられる様《よう》なお料理《りょうり》を伺《うかが》つて呉《く》れと申《もう》します』

夫人『おほゝゝよく世間《せけん》には爾《そ》ういふお望《のぞ》みの方《かた》もありますがあんまりお勝手《かって》が過《す》ぎはいたしませんか。お料理《りょうり》に手数《てすう》をかけるといふことはお腹《なか》の手数《てすう》を省《はぶ》くことでお料理《りょうり》の時手数《ときてすう》をかけて置《お》くとお腹《なか》の中《なか》では手数《てすう》をかけずに早《はや》く消化《こな》れます。お料理《りょうり》に手数《てすう》をかけない品《しな》はお腹《なか》の中《なか》へ行《い》つてそれが消化《こな》れるまでに胃《い》と腸《ちょう》とに何《ど》の位《くらい》手《て》数《すう》をかけるか知《し》れません』

記者『成《な》る程《ほど》、爾《そ》う伺《うかが》つて見《み》れば料理《りょうり》に手数《てすう》をかけるのは矢張《やは》り身体《からだ》の為《た》めですね、胃《い》と腸《ちょう》とに手数《てすう》をかけるよりはお料理《りょうり》に手数《てすう》をかけた方《ほう》が身体《からだ》の為《た》めになりませう。お序《ついで》に彼岸《ひがん》のお鮨《すし》の拵《こしら》へ方《かた》をお教《おし》へ下《くだ》さいまし』

夫人『お彼岸《ひがん》のお鮨《すし》なら精進《しょうじん》の五目鮨《もくずし》が宜《よ》う御座《ござ》いませう。それには先《ま》づ椎茸《しいたけ》人参《にんじん》干瓢《かんぴょう》簾麩《すだれぶ》其他《そのほか》色々《いろいろ》の野菜《やさい》を細《こま》かく刻《きざ》んで煮《に》て置《お》きます。蓮根《れんこん》なんども薄《うす》く刻《きざ》んで酢蓮《すばす》にして置《お》きます。そんなもの〻拵《こしら》へ方《かた》は誰《だれ》でも御存《ごぞん》じでせうが、悪《わる》くすると御飯《ごはん》に酢《す》の利《き》かないことがありますから御飯《ごはん》の炊《た》き方《かた》を申上《もうしあ》げませう。それは別《べつ》にむづかしいことも御座《ござ》いません。御飯《ごはん》を炊《た》く時《とき》塩《しお》を少《すこ》し混《ま》ぜて置《お》きます。それから御飯《ごはん》一升《しょう》に酢《す》二合《ごう》位《くらい》の割《わり》で熱《あつ》いところへ混《ま》ぜて団扇《うちわ》で扇《あお》ぎながら冷《さ》まします。その御飯《ごはん》が冷《さ》めたところで前《まえ》の品々《しなじな》を混《ま》ぜれば一通《ひととお》りの五目鮨《もくずし》が出来《でき》ます』

油揚《あぶらあげ》は如何《いか》に料理《りょうり》するか

記者『我々《われわれ》の家庭《かてい》では値段《ねだん》が安《やす》くつて比較的《ひかくてき》に滋養分《じようぶん》の多《おお》い豆腐《とうふ》だの油揚《あぶらあげ》だのといふものを多《おお》く使《つか》ひますが油揚《あぶらあげ》を美味《おい》しく食《た》べる料理法《りょうりほう》が御座《ござ》いませうか？』

夫人『はい、随分御座《ずいぶんござ》います。先《ま》づ買《か》つた油揚《あぶらあげ》なら料理《りょうり》する前《まえ》に熱湯《にえゆ》をかけますと胡麻《ごま》の油《あぶら》の悪《わる》い匂《にお》ひや重《おも》い味《あじ》が抜《ぬ》けますから爾《そ》うして置《お》いて細《こま》かく刻《きざ》みます。別《べつ》に鰹節《かつおぶし》をよく煮出《にだ》して美味《おい》しい煮汁《だし》を取《と》つてそこへ醤油《しょうゆ》と味淋《みりん》を程《ほど》よく入《い》れて今《いま》の油揚《あぶらあげ》を煮《に》ます。油揚《あぶらあげ》の煮《に》えたところで少《すこ》しの葛《くず》を水《みず》で溶《と》いて加《くわ》へますが爾《そ》うすると汁《しる》が濃《こ》くなつてどろどろになります。そこへ玉子《たまご》を一《ひと》つでも二《ふた》つでも割《わ》つて入《い》れてよくかきまはしながら温《あたゝ》い内《うち》に食《た》べますとなか〱美味《おい》しいもので御座《ござ》います』

記者『それは手軽《てがる》で重実《ちょうほう》なお料理《りょうり》でございますが、まだ他《ほか》に何《なに》か工風《くふう》が御座《ござ》いませうか？』

夫人『はい、まだ無《な》いことはありません。もう一《ひと》つは油揚《あぶらあげ》を二《ふた》つに切《き》つて口《くち》を開《あ》けて置《お》きます。別《べつ》にお豆腐《とうふ》を布巾《ふきん》で包《つゝ》んで水気《みずけ》を切《き》つてそのお豆腐《とうふ》と人参《にんじん》椎茸《しいたけ》蓮《はす》なんどの細《こま》かく刻《きざ》んだものと混《ま》ぜて塩《しお》とホンの少《すこ》しのお砂糖《さとう》で味《あじ》を付《つ》けます。それを前《まえ》の油揚《あぶらあげ》の中《なか》へつめて切口《きりくち》へ**ウドン**粉《こ》でも**メリケン**粉《こ》でもちよいと付《つ》けて口《くち》の開《あ》かない様《よう》にします。爾《そ》うすると油揚《あぶらあげ》のふくらんだものが出来《でき》ますから中央《まんなか》のところを干瓢《かんぴょう》で結《むす》んで置《お》きます。別《べつ》に鰹節《かつおぶし》の煮汁《だし》を取《と》つて醤油《しょうゆ》と味淋《みりん》を加《くわ》へてその中《なか》へ今《いま》の油揚《あぶらあげ》を入《い》れて強《つよ》くない火《ひ》でじわ〳〵と長《なが》く煮《に》ますとなか〳〵結構《けっこう》なものが出来《でき》ます』

記者『それは美味《おい》しさうで御座《ござ》いますね、油揚《あぶらあげ》の中《なか》へは外《ほか》のものを詰《つ》めても好《よ》いでせうか？』

夫人『上等《じょうとう》にしますとこの中《なか》へ鰕《えび》の身《み》だの鳥《とり》の肉《にく》だの其他《そのほか》色々《いろいろ》のものを刻《きざ》んで一緒《しょ》に混《ま》ぜて煮《に》ても結構《けっこう》です』

記者『油揚《あぶらあげ》の御飯《ごはん》といふものがあると聞《き》きましたがどんなもので御座《ござ》いますか？』

夫人『油揚《あぶらあげ》の御飯《ごはん》も中々《なかなか》好《い》いものです。それには先《ま》づ前《まえ》の通《とお》りに油揚《あぶらあげ》へ熱湯《にえゆ》をかけて油気《あぶらけ》を去《さ》つて置《お》きます。それを細《こま》かく刻《きざ》んで葱《ねぎ》と一緒《しょ》に味淋《みりん》や醤油《しょうゆ》でザツと煮《に》ます。御飯《ごはん》を炊《た》いて出来《でき》上がつた時《とき》、それを汁《しる》共《とも》に御飯《ごはん》へ混《ま》ぜて暫《しばら》く蒸《む》らして置《お》きますればそれで宜《よろ》しいのです』

記者『最初《さいしょ》から油揚《あぶらあげ》や葱《ねぎ》を汁《しる》共《とも》にお米《こめ》に混《ま》ぜて炊《た》いても宜《よ》う御座《ござ》いませうか?』

夫人『はい、それでも出来《でき》ます。そのかはり爾《そ》うすると御飯《ごはん》の方《ほう》へ味《あじ》が好《よ》く浸《し》みまして、油揚《あぶらあげ》の方《ほう》は味《あじ》が抜《ぬ》けます。炊《た》いてから御飯《ごはん》へ混《ま》ぜると油揚《あぶらあげ》の味《あじ》が抜《ぬ》けません。これは何《なに》か美味《おい》しい汁《しる》と一緒《しょ》に食《た》べるのが宜《よ》う御座《ござ》います』

牛蒡《ごぼう》は如何《いか》に料理《りょうり》するか

記者『牛蒡《ごぼう》は中々《なかなか》味《あじ》の好《よ》いものですけれども随分《ずいぶん》硬《かた》くつて消化《しょうか》が悪《わる》い様《よう》に思《おも》ひます。それを何《なん》とか柔《やわらか》に煮《に》る法《ほう》がありませうか?』

夫人『牛蒡《ごぼう》は水《みず》の中《なか》へ糠《ぬか》を沢山《たくさん》入《い》れてゆでますと大層《たいそう》柔《やわらか》くなりますし、又色《またいろ》も白《しろ》くゆだります。それを一旦《たんあ》上げて昆布《こんぶ》と一緒《しょ》に味《あじ》を付《つ》けて気長《きなが》に煮《に》ますと歯《は》の弱《よわ》い人《ひと》でも楽《らく》に食《た》べられるほど柔《やわら》かに出来《でき》ます』

記者『牛蒡《ごぼう》は油《あぶら》で揚《あ》げたのが結構《けっこう》ですが何《なに》か変《かわ》つた揚《あ》げ方《かた》がありませうか？』

夫人『牛蒡《ごぼう》の揚物《あげもの》も色々《いろいろ》あります。先《ま》づやさしいのは太《ふと》い牛蒡《ごぼう》を四《よ》つ割《わり》にして二寸《すん》程《ほど》の長《なが》さに切《きり》ます。生醤油《きじょうゆ》に少《すこ》し砂糖《さとう》を加《くわ》へて今《いま》の牛蒡《ごぼう》を煮《に》てそれへ天麩羅《てんぷら》の衣《ころも》をつけて揚《あ》げますとなか〳〵美味《おい》しう御座《ござ》います』

鰯《いわし》は如何《いか》に料理《りょうり》するか

記者『追々《おいおい》と鰯《いわし》の出《で》る時分《じぶん》になりますが、鰯《いわし》は塩焼《しおやき》の他《ほか》に何《なに》か変《かわ》つたお料理《りょうり》が御座《ござ》いますか？』

夫人『左様《さよう》ですねえ、先《ま》づ醤油《しょうゆ》と水《みず》を等分《とうぶん》にしてその中《なか》へ梅干《うめぼし》を一《ひと》つか二《ふた》つ入《い》れて鰯《いわし》を煮《に》ますと鰯《いわし》の生臭味《なまぐさみ》が取《と》れて大層《たいそう》結構《けっこう》です』

記者『成《な》る程《ほど》鰯《いわし》の梅干煮《うめぼしに》で御座《ござ》いますか。鰯《いわし》の照《て》り焼《や》きといふお料理《りょうり》があると聞《き》きましたが何《ど》んなものです？』

夫人『鰯《いわし》の照《て》り焼《や》きは上手《じょうず》に出来《でき》ると鰯《いわし》とは思《おも》へない程《ほど》に美味《おい》しいものです。それには鰯《いわし》を開《ひら》いて醤油《しょうゆ》と味淋《みりん》と混《ま》ぜたものへ暫《しばら》く漬《つ》けて置《お》いて普通《ふつう》の照《て》り焼《や》きの様《よう》に焼《や》きますが崩《くず》れ易《やす》いものですから取扱《とりあつか》ひに気《き》をつけなければいけません』

記者『鰯《いわし》を**バター**でいためたのは大層《たいそう》美味《おい》しいさうですが何《ど》うして拵《こしら》へます？』

夫人『それは西洋料理《せいようりょうり》の中《なか》でも極《ご》く手軽《てがる》で美味《おい》しいものですが、先《ま》づ鰯《いわし》の頭《あたま》と腸《はらわた》を去《さ》つて塩《しお》を振《ふ》つて一時間《じかん》ばかり置《お》きます。**フライ**鍋《なべ》で**バター**をよく煮立《にた》てゝその中《なか》へ鰯《いわし》を入《い》れてじり〳〵といためて温《あたゝか》い中《うち》に食《た》べますと何《ど》んなに美味《おい》しう御《ご》座《ざ》いませう』

記者『実《じつ》に手軽《てがる》で結構《けっこう》ですね。何《なん》でもお料理《りょうり》はさういふ手軽《てがる》いのに限《かぎ》ります』

夫人『こんな手軽《てがる》いのは外《ほか》にありません。手軽手軽《てがるてがる》とおつしやいますけれども手軽《てがる》に煮《に》たり焼《や》いたりするのではお料理《りょうり》といふものになりません。お料理《りょうり》といふからには少《すこ》し手数《てすう》のかかるものをお覚《おぼ》えなさらなくつてはいけません』

梨《なし》は如何《いか》に料理《りょうり》するか

記者『追々《おいおい》梨《なし》も出《で》てまゐりましたがあれもお料理《りょうり》になりますか？』
夫人『はい、お料理《りょうり》にならないことはありません。手軽《てがる》がお好きですから先《ま》づ手軽《てがる》いのから申《もう》しませうなら葵卸《わさびおろ》しで梨《なし》をおろして大根《だいこん》おろしを混《ま》ぜてホンの少《すこ》しの塩《しお》と酢《す》を加《くわ》へて召上《めしあが》つても美味《おい》しう御座《ござ》います』
記者『梨《なし》は煮《に》ても食《た》べられますか？』
夫人『梨《なし》の酢煮《すに》と申《もう》しますと梨《なし》の皮《かわ》をむいて四《よ》つに割《わ》つて心《しん》を取《と》ります。それへ少《すこ》しの砂糖《さとう》と少《すこ》しの酢《す》を加《くわ》へて柔《やわら》かになるまで煮《に》るのです』
記者『成《な》る程《ほど》、酢《す》を加《くわ》へたのは美味《おい》しう御座《ござ》いませう。梨《なし》に砂糖《さとう》を加《くわ》へて煮《に》たことがありますが甘《あま》つたるくつて食《た》べられませんでした』
夫人『梨《なし》だの無花果《いちじく》だのといふものは甘味《あまみ》ばかりで酸味《すみ》がありませんから酢《す》を加《くわ》へると味《あじ》の配合《はいごう》がよくなります。西洋料理《せいようりょうり》に使《つか》ふのは今《いま》の通《とお》りにして酢《す》のかはりに葡萄酒《ぶどうしゅ》を加《くわ》へて煮《に》ます』

葛煉《くずね》りは如何《いか》に作《つく》るか

記者『まだなか〳〵残暑《ざんしょ》が強《つよ》う御座《ござ》いますが暑《あつ》い時《とき》のお料理《りょうり》に何《なに》か涼《すず》しい様《よう》なさつぱりしたものは御座《ござ》いませんか？』

夫人『左様《さよう》ですねえ、葛煉《くずね》りなんどが宜《よ》う御座《ござ》いませう』

記者『それは何《ど》うして拵《こしら》へます？』

夫人『これは手間《てま》もあんまりかゝらず誰《だれ》にでも直《じ》きに出来《でき》ますが、先《ま》づ上等《じょうとう》の葛《くず》大《おお》匙《さじ》一杯《ぱい》を大匙《おおさじ》四杯《はい》の水《みず》で溶《と》いて塩《しお》と砂糖《さとう》とを少《すこ》しづゝ加《くわ》へます。それを火《ひ》にかけて煮《に》ますと段々《だんだん》固《かた》まりますから焦《こ》げ付《つ》かない様《よう》によく混《ま》ぜなければいけません。葛《くず》がよくかへつたら火《ひ》から卸《おろ》して冷《さ》まして置《お》きます。冷《さ》めたら小《ちい》さく切《き》つて三杯酢《ばいず》をかけてお副食物《かず》にしますと大層《たいそう》さつぱりして居《お》ります』

記者『難有《ありがと》う御座《ござ》います。来月《らいげつ》もかういふ風《ふう》に極《ご》く手軽《てがる》で美味《おい》しいお料理《りょうり》を沢山《たくさん》伺《うかが》ひませう』

薩摩芋《さつまいも》は何《なに》が宜《よ》きか（十月記）

記者《きしゃ》家《いえ》を出《い》づる時《とき》、妻君《さいくん》語《かた》りて曰《いわ》く『先月《せんげつ》は里芋《さといも》のお土産《みやげ》を頂戴《ちょうだい》したり、里芋《さといも》のお料理《りょうり》を伺《うかが》つたり種種《いろいろ》お世話《せわ》になりますから、今日《きょう》はお土産《みやげ》に薩摩芋《さつまいも》をお持《も》ちになつて序《ついで》に薩摩芋《さつまいも》のお料理《りょうり》を沢山《たくさん》伺《うかが》つていらつしやい』記者曰《きしゃいわ》く『諾《だく》』。

即《すなわ》ち市《いち》に走《はし》り上等《じょうとう》の薩摩芋《さつまいも》一貫目《いっかんめ》を求《もと》め汽車《きしゃ》に乗《の》つて平塚《ひらつか》に弦斎夫人《げんさいふじん》を訪《と》ふ。

記者《きしゃ》、『今日《こんにち》は材料御持参《ざいりょうごじさん》でお話《はなし》を伺《うかが》ひに参《まい》りました。これは軽少《けいしょう》ですけれどもお土産《みやげ》の印《しるし》に』と薩摩芋《さつまいも》包《づゝ》みを呈《てい》せしに夫人《ふじん》は風呂敷《ふろしき》を開《ひら》いて笑《わら》ひながら、『お志《こゝろざし》は誠《まこと》に難有《ありがと》う御座《ござ》いますけれども是《こ》れは平塚《ひらつか》のお芋《いも》ですよ』

記者『おや〳〵それでも東京《とうきょう》で上等《じょうとう》の薩摩芋《さつまいも》と云《い》つて買《か》ひましたが……』

夫人『上等《じょうとう》だから平塚《ひらつか》のお芋《いも》です。平塚《ひらつか》の大野村《おおのむら》と云《い》ふと関東《かんとう》一番《ばん》の白芋《しろいも》の名所で此頃《このごろ》のお芋《いも》は大抵《たいてい》この近傍《きんぼう》から東京《とうきょう》へ出《だ》します。赤芋《あかいも》は川越在《かわごえざい》の長井村《ながいむら》が本場《ほんば》としてありますがそれはもつと後《おく》れて出《で》ます』

記者『それでは平塚《ひらつか》のお芋《いも》を態々《わざわざ》東京《とうきょう》で買《か》つて平塚《ひらつか》へ持《も》つて来《き》た様《よう》な訳《わけ》ですネ。イヤハヤ自分《じぶん》ながら御苦労千万《ごくろうせんばん》で』

夫人『お土産《みやげ》を頂戴《ちょうだい》して悪《わる》く申《もう》しては済《す》みませんが、薩摩芋《さつまいも》を買《か》ふ時《とき》斯《こ》んなに形《かたち》の悪《わる》いのをお取《と》りになすつては美味《おい》しいお料理《りょうり》が出来《でき》ません』

記者『形《かたち》が悪《わる》いと切《き》つたり煮《に》たりする時《とき》都合《つごう》が悪《わる》う御座《ござ》いますか？』

夫人『いゝえ、その都合《つごう》よりも形《かたち》が悪《わる》いと第《だい》一に味《あじ》が良《よ》く御座《ござ》いません』

記者『形《かたち》で味《あじ》が違《ちが》ひますか。何《ど》んな恰好《かっこう》のが良《よ》いのでせう？』

夫人『薩摩芋《さつまいも》は中程《なかほど》が太《ふと》くつて両端《りょうはじ》がなぞへに小《ちい》さくつて真直《まっす》ぐなのが一番《ばん》美味《おい》しう御座《ござ》います』

記者『同《おな》じ畑《はたけ》に出来《でき》たのでも形《かたち》の違《ちが》ひによつて味《あじ》も違《ちが》ひますか？』

夫人『はい、形《かたち》の好《よ》いのは筋《すじ》が少なくつて甘味《あまみ》が多《おお》う御座《ござ》います。平塚《ひらつか》のお芋《いも》は白芋《いも》の性質《たち》で川越《かわごえ》の赤芋《あかいも》ほど大《おお》きくは出来《でき》ませんが砂地《すなじ》だけに身《み》がしまつて甘味《あまみ》の多《おお》いのと筋《すじ》の少《すく》ないので名物《めいぶつ》になつて居《お》ります。それに宅《たく》では糠《ぬか》と干鰯《ほしか》を肥《ひ》料《りょう》に用《もち》ゐますから一層《そう》味《あじ》が良《よ》くなります。其外《そのほか》種類《しゅるい》によつては鹿児島《かごしま》種《たね》の様《よう》に少《すこ》しも筋《すじ》の無《な》いのもありますし、又《また》米国《べいこく》から来《き》た種《たね》で大層《たいそう》味《あじ》の良《よ》いのもあります』

記者『飛《と》んだお土産《みやげ》を持《も》つて来《き》て失敗《しっぱい》致《いた》しました。薩摩《さつま》芋《いも》は都会《とかい》の人《ひと》でも田舎《いなか》の人でも毎日《まいにち》台所《だいどころ》で使《つか》ひますから何卒《どうぞ》お料理《りょうり》法《ほう》を沢山《たくさん》教《おし》へて下さいまし』

揚《あ》げ芋《いも》は如何《いか》に製《せい》するか

記者『相《あい》も変《かわ》らず手軽《てがる》主義《しゅぎ》を持《も》ち出《だ》しますが極《ご》く無雑作《むぞうさ》に出来《でき》て美味《おい》しく食《た》べられるお料理《りょうり》は何《なん》で御座《ござ》いませう？』

夫人『おほゝゝ爾《そ》う云《い》ふお料理《りょうり》があれば私《わたくし》も稽古《けいこ》致《いた》したいと思《おも》つて居《お》ります。然《しか》し薩摩《さつま》芋《いも》は手軽《てがる》に料理《りょうり》しても中々《なかなか》美味《おい》しいもので、極《ご》く無造作《むぞうさ》にすれば畑《はたけ》から取《と》つて来《き》たのを泥《どろ》の附《つ》いたまま直《す》ぐにお釜《かま》の下《した》の熱《あつ》い灰《はい》の中《なか》へ入《い》れて灰《はい》をよく被《かぶ》せて心《しん》まで柔《やわらか》になる様《よう》に焼《や》くのです。モー一《ひと》つは火鉢《ひばち》の中《なか》の熱《あつ》い灰《はい》へ埋《う》めて置《お》いても出来《でき》ますが是《こ》れは味《あじ》が劣《おと》ります又《また》藁灰《わらばい》の中《なか》で焼《や》いたのも結構《けっこう》です』

記者『西洋料理《せいようりょうり》にも爾《そ》ういふ仕方《しかた》がありませうか?』

夫人『西洋料理《せいようりょうり》でも薩摩芋《さつまいも》の**ロース**と云《い》へば丸《まる》のまま洗《あら》つて**テンパン**へ並《なら》べて塩《しお》を少《すこ》し振《ふ》りかけて**テンピ**の中《なか》で焼《や》きますとこれも大層《たいそう》味《あじ》の良《よ》いもので御座《ござ》います』

記者『其次《そのつぎ》は何《ど》う云《い》ふお料理《りょうり》にいたしませう?』

夫人『拍子木形《ひょうしぎなり》に切《き》つて油《あぶら》で揚《あ》げたのへ塩《しお》を振《ふ》りかけて食《た》べても結構《けっこう》です』

記者『油《あぶら》は何《なに》を用《もち》ゐますか?』

夫人『上等《じょうとう》にすれば**サラダ**油《ゆ》を用《もち》ゐます。**サラダ**油《ゆ》の外《ほか》には**ラード**でも**ヘット**でも或《あるい》は鳥《とり》の油《あぶら》を用《もち》ゐても宜《よ》う御座《ござ》います。胡麻《ごま》の油《あぶら》を使《つか》ふならば最初《さいしょ》に**ヒネ**生姜《しょうが》を揚《あ》げて油《あぶら》の匂《にお》ひを去《さ》つてからお芋《いも》を入《い》れませんと油臭《あぶらくさ》くつていけません。揚《あが》つた時《とき》は直《す》ぐ西洋《せいよう》紙の上《うえ》に置《お》いて油気《あぶらけ》を取《と》ると軽《かる》くなります』

記者『それだけでもお菜《さい》になりませうが何《なん》だか物足《ものた》りない様《よう》に思《おも》ひます』
夫人『少《すこ》し手数《てすう》をおかけになれば上等《じょうとう》のお料理《りょうり》が出来《でき》ます。今《いま》の様《よう》に油《あぶら》で揚《あ》げたお芋《いも》へ葛《くず》の餡《あん》をかけますが其餡《そのあん》は最初《さいしょ》鰹節《かつぶし》の煎汁《だし》に味淋《みりん》と醤油《しょうゆ》で味《あじ》を付《つ》けて水《みず》で溶《と》いた葛《くず》を入《い》れたものです』
記者『それは大層《たいそう》洒落《しゃれ》て居《お》りますネ』
夫人『もつと上等《じょうとう》に致《いた》しますと今《いま》の様《よう》に揚《あ》げたお芋《いも》を鰹節《かつぶし》の煎汁《だし》と味淋《みりん》と醤油《しょうゆ》で暫《しば》らく煮《に》て鳥《とり》か牛肉《ぎゅうにく》の**ソボロ**をかけます』
記者『**ソボロ**は先日《せんじつ》伺《うかが》つて早速《さっそく》試《こゝろ》みましたが大層《たいそう》美味《おい》しく出来《でき》ました』

栂《とが》の尾《お》煮《に》は如何《いか》に作《つく》るか

記者『京都《きょうと》の名物《めいぶつ》で薩摩《さつま》芋《いも》の栂《とが》の尾煮《おに》と云《い》ふものがあると聞《き》きましたが何《ど》んなもので御座《ござ》いませう？』

夫人『栂《とが》の尾《お》煮《に》にも手軽《てがる》なのと本式《ほんしき》のと二種《ふたいろ》あります。手軽《てがる》な方《ほう》は薩摩《さつま》芋《いも》を二寸《すん》位《ぐらい》な厚《あつ》さの輪《わ》切《ぎ》りにして皮《かわ》を剥《む》いて直《す》ぐに水《みず》の中《なか》へ入《い》れます』

記者『おつとお待《ま》ち下さい。直《す》ぐに水《みず》の中《なか》へ入《い》れるのと切《き》つたまゝで置《お》いてから入《い》れるのとは何《ど》うして違《ちが》ひます？』

夫人『薩摩芋《さつまいも》を料理《りょうり》する時《とき》は最初《さいしょ》に桶《おけ》へでも鉢《はち》へでも水《みず》を入《い》れて置《お》いてそれからお芋《いも》を切《き》りながら直《す》ぐに水《みず》の中《なか》へ入《い》れませんとその侭置《ままお》いてはお芋《いも》の**アク**が出《で》て色《いろ》も悪《わる》くなるし味《あじ》も大層劣《たいそうおと》ります』

記者『成《な》る程爾《ほどそ》う云《い》ふ訳《わけ》で御座《ござ》いますか、お芋《いも》を切《き》つた後《のち》は何《ど》ういたします？』

夫人『それを鍋《なべ》に入《い》れて沢山《たくさん》の水《みず》を加《くわ》へて火《ひ》の上《うえ》でサツト煮立《にた》たせます。そこで**アク**を取《と》る為《た》めにその湯《ゆ》をこぼして新《あた》らしい湯《ゆ》を入《い》れて今度《こんど》は強《つよ》くない火《ひ》で気長《きなが》に三十分間《ぶんかん》もゆでます。そこへ先《ま》づ砂糖《さとう》を入《い》れて又《また》三十分間《ぶんかん》も煮《に》てそれから今度《こんど》は塩《しお》を少《すこ》し加《くわ》へて又《また》二十分間《ぶんかん》も煮《に》て火《ひ》から卸《おろ》したら一旦《たん》汁《つゆ》を外《ほか》の鍋《なべ》へあけます。その鍋《なべ》を火《ひ》にかけて水《みず》で溶《と》いた葛《くず》を入《い》れてドロドロにしてお芋《いも》へかけて出《だ》すのが手軽《てがる》な栂《とが》の尾《お》煮《に》で御座《ござ》います』

記者『手軽《てがる》と云つても中々《なかなか》手数《てすう》がかかりますネ』
夫人『お料理《りょうり》の方《ほう》から申《もう》せばこの位《くらい》なのが極《ご》く手軽《てがる》いのです。味《あじ》の良《よ》いものを召上《めしあ》がらうと思《おも》へば少《すこ》しは手数《てすう》をおかけなさい』
記者『はいはい畏《かしこま》りました、そこで本式《ほんしき》の方《ほう》は？』
夫人『本式《ほんしき》のは葛《くず》を入《い》れないでお芋《いも》の汁《しる》でドロドロにするのです。それは最初《さいしょ》に一時間《じかん》もゆでてそれから砂糖《さとう》を加《くわ》へて四十分間《ぶんかん》も煮《に》て又塩《またしお》を加《くわ》へて三十分程《ぶんほど》煮《に》ます。爾《そ》うすると形《かたち》の崩《くず》れたのが出来《でき》ますから崩《くず》れないのを一旦《たん》揚《あ》げて崩《くず》れたのを裏漉《うらご》しにして汁《しる》へ交《ま》ぜて前《まえ》のお芋《いも》へかけます。或《あるい》はゆでる代《かわ》りにお芋《いも》を蒸《ふか》してこの通《とお》りに煮《に》ても宜《よ》う御座《ござ》います』
記者『裏漉《うらご》しへかけるといふ事《こと》はよく料理《りょうり》の話《はなし》に出《で》ますが何《ど》ういうふ事《こと》ですか？』
夫人『裏漉《うらごし》をご存《ぞん》じなくつてはお料理《りょうり》のお話《はなし》が出来《でき》ませんネ』と云《い》ひながら立《た》つて台所《だいどころ》より裏漉水嚢《うらごしすいのう》を持《も》ち来《きた》り『御覧《ごらん》なさい是《こ》れが裏漉《うらごし》です。味噌漉《みそこし》の様《よう》な枠《わく》へ馬《うま》の毛《け》で編《あ》んだ網《あみ》を張《は》つたので是《こ》れを鉢《はち》の上《うえ》へ伏《ふ》せて網《あみ》の上《うえ》へお芋《いも》を置《お》きます。

木《き》の杓子《しゃくし》で押《お》しながら擦《こ》するとお芋《いも》は細《こま》かく漉《こ》せて鉢《はち》の中《なか》へ落《お》ちますし、筋《すじ》は網《あみ》の上《うえ》へ残《のこ》ります』

記者『西洋料理《せいようりょうり》でも裏漉《うらごし》を使《つか》ひますか？』

夫人『西洋料理《せいようりょうり》は尚更《なおさら》裏漉《うらごし》を沢山《たくさん》使《つか》ひますが西洋《せいよう》のは馬《うま》の毛《け》の代《かわ》りに金網《かなあみ》を張《は》つてあります』

記者『値段《ねだん》は何《ど》んなものです？』

夫人『日本風《にほんふう》のは普通《ふつう》の大《おお》きさで三十銭位《せんくらい》、西洋風《せいようふう》のは五、六十銭《せん》致《いた》します。裏漉《うらごし》が一《ひと》つあると何程《どれほど》調法《ちょうほう》するか知《し》れませんが使《つか》ひ様《よう》が悪《わる》いと早《はや》く損《そん》じます』

記者『何《ど》う云《い》ふ風《ふう》に使《つか》へば宜《よ》いのでせう？』

夫人『大切《たいせつ》に使《つか》ふのは勿論《もちろん》ですが網《あみ》の目《め》なりに擦《こ》すつては直《じ》きに目《め》が寄《よ》つていけません、斜《なな》めに擦《こ》すると長《なが》く持《も》ちます』

薩摩《さつま》芋《いも》の梅干和《うめぼしあ》へは如何《いか》にするか

記者『裏漉《うらごし》の用《もち》ゐ方《かた》はそれでよく分《わか》りました。序《ついで》にモー一《ひと》つ二《ふた》つ裏漉《うらごし》を使《つか》つてお料《りょう》理《り》するものはありませんか？』

夫人『左様《さよう》ですねえ、裏漉《うらごし》を使《つか》へば種種《いろいろ》なお料理《りょうり》になりますが先《ま》づ手軽《てがる》な梅干和《うめぼしあ》へをお話《はなし》し申《もう》しませう。それには薩摩芋《さつまいも》の皮《かわ》を剝《む》いて三分位《ぶぐらい》な厚《あつ》さに切《き》つて直《す》ぐ水《みず》へ放《はな》して外《ほか》の水《みず》でゆでます。それを裏漉《うらごし》にして砂糖《さとう》を宜《い》い加減《かげん》に加《くわ》へます。そこへ梅干《うめぼし》を裏漉《うらご》しにしてお芋《いも》に交《ま》ぜて摺鉢《すりばち》でよく摺《す》ります。これは梅干《うめぼし》の酸《す》味《み》があつて沢山《たくさん》食《た》べられますよ』

記者『梅干《うめぼし》とお芋《いも》の分量《ぶんりょう》は何《ど》の位《くらい》にしたものでせう？』

夫人『梅干《うめぼし》にも新《あた》らしくつて酸味《すみ》の大層《たいそう》強《つよ》いものがあり、古《ふる》くつて酸味《すみ》の弱《よわ》いのもあります。それから塩気《しおけ》の強《つよ》いのと弱《よわ》いのと色々《いろいろ》種類《しゅるい》が違《ちが》ひますから其割合《そのわりあい》を定《さだ》める事《こと》は出来《でき》ませんが、梅干《うめぼし》を少《すこ》し入《い》れて味《あじ》を見《み》て酸味《すみ》が足《た》りなかつたら又《また》加《くわ》へる様《よう》にするのが宜《よ》う御座《ござ》いませう。梅干《うめぼし》を最初《さいしょ》に沢山《たくさん》入《い》れ過《す》ぎてあんまり酸《す》くなりますと始末《しまつ》に困《こま》ります』

記者『裏漉《うらご》しをしたお芋《いも》には砂糖《さとう》計《ばか》りを入《い》れますか?』

夫人『塩気《しおけ》は梅干《うめぼし》から出《で》ますから砂糖《さとう》計《ばか》りで宜《よ》う御座《ござ》います』

記者『それは上等《じょうとう》の梅干和《うめぼしあ》へですか?』

夫人『いゝえ手軽《てがる》な方《ほう》です、上等《じょうとう》にすると最初《さいしょ》お芋《いも》をゆでる時《とき》に賽《さい》の目《め》に切《き》つてホンの少《すこ》しの塩《しお》と宜《い》い加減《かげん》の砂糖《さとう》とを加《くわ》へて味《あじ》をつけて置《お》きます。それを三分《ぶん》の一程《ほど》汁《しる》共《とも》に裏漉《うらご》しにして梅干《うめぼし》と摺《す》り交《ま》ぜて其中《そのなか》へ残《のこ》つた御芋《おいも》を入《い》れてよく和《あ》へますと大層《たいそう》美味《おい》しい御馳走《ごちそう》が出来《でき》ます』

記者『お話《はなし》を伺《うかが》つてさへ美味《おい》しさうで口《くち》がムヅムヅいたしますから宅《たく》へ帰《かえ》つたら早速《さっそく》試《ため》して見《み》ませう。然《しか》し家内《かない》は裏漉《うらご》しの様《よう》な手数《てすう》のかかることを嫌《きら》ひますから悪《わる》くするとお芋《いも》も梅干《うめぼし》も裏漉《うらご》しにしないで摺鉢《すりばち》で摺《す》るかも知《し》れません。それでも梅干和《うめぼしあ》へになりませうか?』

夫人『迚《とて》も裏漉《うらご》しにした程《ほど》の味《あじ》は出ませんけれどもその中《なか》で別《べつ》のお芋《いも》を和《あ》へれば可《か》なりに美味《おい》しく召上《めしあ》がられませう』

薩摩芋《さつまいも》の茶巾絞《ちゃきんしぼ》りは如何《いか》に製《せい》するか

記者『名古屋辺《なごやへん》へ参《まい》ると薩摩芋《さつまいも》の茶巾絞《ちゃきんしぼ》りと云《い》ふお菓子《かし》が上等《じょうとう》の席《せき》へでも出《で》るさうですがそれは何《ど》うして拵《こしら》へます？』

夫人『茶巾絞《ちゃきんしぼ》りは造作《ぞうさ》もありません。塩《しお》と砂糖《さとう》で煮《に》たお芋《いも》を裏漉《うらご》しにして先《ま》づ濡布《ぬれぶ》巾《きん》の中《なか》へ大匙《おおさじ》一杯《ばい》程《ほど》入《い》れます。それを丸《まる》くお団子《だんご》の様《よう》に包《つゝ》んで上《うえ》の方《ほう》を絞《しぼ》つてソーツと布巾《ふきん》を明《あ》ければそれで茶巾絞《ちゃきんしぼ》りが一《ひと》つ出来《でき》ます。幾《いく》つも爾《そ》う云《い》ふものを拵《こしら》へてお皿《さら》へ盛《も》つて出《だ》せば宜《よ》いのですから少《すこ》し慣《な》れると誰《だれ》にでも無造作《むぞうさ》に出《で》来《き》ます』

記者『値段《ねだん》の安《やす》い薩摩芋《さつまいも》がそんな事《こと》で上等《じょうとう》のお菓子《かし》になれば是《こ》れ程《ほど》経済《けいざい》な事《こと》はありません。私《わたくし》どもでは以来《いらい》お客《きゃく》に茶巾絞《ちゃきんしぼ》りを出《だ》す事《こと》に極《き》めませう』

夫人『菓子屋《かしや》で蒸《む》し返《かえ》しの餅菓子《もちがし》や餡《あん》のものを買《か》つて召上《めしあが》るより何程《どれほど》味《あじ》が好《よ》くつて徳用《とくよう》だか知《し》れません』

記者『然《しか》し宅《たく》の者《もの》は毎日《まいにち》茶巾絞《ちゃきんしぼ》りの芋責《いもぜ》めに会《あ》つても倦《あ》きますネ』

夫人『爾《そ》う云《い》ふ時《とき》には趣向《しゅこう》を変《か》へて挽茶入《ひきちゃい》りの茶巾絞《ちゃきんしぼ》りをお拵《こしら》へになつても宜《よ》う御《ご》座《ざ》います。それは裏漉《うらご》しにしたお芋《いも》の中《なか》へ挽茶《ひきちゃ》を少《すこ》し入《い》れて茶巾《ちゃきん》で絞《しぼ》ると又《また》一層味《そうあじ》が良《よ》くなります』

記者『成《な》る程《ほど》種種《いろいろ》の工風《くふう》がありますネ』

夫人『前《まえ》の様《よう》な梅干和《うめぼしあ》へを茶巾《ちゃきん》で絞《しぼ》つて出《だ》しても宜《よ》う御座《ござ》います』

記者『成《な》る程《ほど》同《おな》じ客《きゃく》が毎日来《まいにちき》たら始《はじ》めの日《ひ》は普通《ふつう》の茶巾絞《ちゃきんしぼ》りを出《だ》すし、次《つぎ》の日《ひ》には挽茶《ひきちゃ》の茶巾絞《ちゃきんしぼ》りを出《だ》すし、三日目《みっかめ》には梅干和《うめぼしあ》への茶巾絞《ちゃきんしぼ》りを出《だ》すとしたら趣向《しゅこう》の変化《へんか》が尽《つ》きません』

夫人『場合《ばあい》によつては其三種《そのみいろ》を一時《じ》に拵《こしら》へて手際《てぎわ》よくお皿《さら》へ盛《も》りますと赤《あか》い色《いろ》と青《あお》い色《いろ》と白《しろ》い色《いろ》と三色《みいろ》の茶巾絞《ちゃきんしぼ》りが出来《でき》て色《いろ》の配合《はいごう》も綺麗《れい》になります』

記者『それなんぞは極《ご》く上等《じょうとう》のお客《きゃく》にも出《だ》せますネ』

薩摩《さつま》芋《いも》の**バター**焼《や》きは如何《いか》にするか

記者『薩摩《さつま》芋《いも》のお料理《りょうり》はまだ沢山《たくさん》御座《ござ》いますか？』

夫人『左様《そう》ですねえ、　まだまだ二十種《しゅ》や三十種《しゅ》は御座《ござ》いませう。皆《み》んなお話《はな》し申《もう》しませうか』

記者『あんまり一度《ど》に伺《うかが》つて食傷《しょくしょう》するといけませんから又《また》来《らい》月《げつ》教《おし》へて頂《いたゞ》きませう。それに就《つい》て一《ひと》つ伺《うかが》ひ度《た》い事《こと》があります。御夫人《ごふじん》は薩摩《さつま》芋《いも》料理《りょうり》の中《なか》で何《なに》を一番《ばん》お好《この》みになりますか？』

夫人『私《わたくし》が一番《ばん》美味《おい》しいと思《おも》つて毎度《まいど》拵《こしら》へますのは薩摩《さつま》芋《いも》の**バター**焼《や》きです。薩摩《さつま》芋《いも》は澱粉性《でんぷんせい》のものですから**バター**の脂肪《しぼう》と味《あじ》が、よく合《あ》ひまして此《こ》のお料理《りょうり》を差上《さしあ》げると誰方《となた》でも頬《ほゝ》の落《お》ちる程《ほど》美味《おい》しいとおつしやいます』

記者『私《わたくし》の頬《ほゝ》は膨《ふく》れ過《す》ぎて居《い》ますから少々《しょうしょう》位《ぐらい》落《お》ちても構《かま》ひません。そのお料理《りょうり》を伺《うかが》ひ度《た》いものです』

夫人『その代《かわ》りこれにも**テンピ**が要《い》りますよ』

記者『何《ど》うせ種種《いろいろ》のお料理《りょうり》を稽古致《けいこいた》しますから**テンピ**を一《ひと》つ奮発致《ふんぱついた》しませう。中位《ちゅうくらい》な**テンピ**は何程《いかほど》で買《か》へますか？』

夫人『東京《とうきょう》では**テンパン**付《つ》きで一円《えん》八十五銭《せん》から二円位《えんくらい》するさうですが見本《みほん》さへ一《ひと》つあれば何処《どこ》の**ブリキ**屋《や》でも拵《こしら》へます。私《わたくし》の知《し》つたお医者《いしゃ》の家《いえ》では車夫《しゃふ》が鉄板《てついた》を一円《えん》五十銭程《せんほど》買《か》つて**テンピ**を三つ拵《こしら》へたさうです。**テンパン**も無造作《むぞうさ》に出来《でき》ませう』

記者『何《ど》んな田舎《いなか》にでも台所《だいところ》に**テンピ**の一《ひと》つ位具《ぐらいそな》へて置《お》く様《よう》にならなければ家庭料《かていりょう》理《り》は進歩《しんぽ》いたしません。そこでお芋《いも》の**バター**焼《や》きは何《ど》う云《い》ふ風《ふう》に拵《こしら》へます？』

夫人『丸《まる》の儘《まま》ゆでるか或《あるい》は蒸《ふか》したお芋《いも》の皮《かわ》を剥《む》いて二分位《ぶぐらい》な厚《あつ》さに切《き》つて、本式《ほんしき》にすれば**ベシン**皿《さら》へ将碁倒《しょうぎたお》しの様《よう》に立《た》てかけて並《なら》べますし、**ベシン**皿《さら》の代《かわ》りに深《ふか》い丼鉢《どんぶりばち》でも宜《よ》う御座《ござ》います。その上《うえ》へ塩《しお》と砂糖《さとう》を好《よ》い程《ほど》に振《ふ》つて**バター**をポッポツと幾《いく》ケ所《しょ》へも載《の》せます。それを**テンピ**の中《なか》へ入《い》れて強《つよ》い火《ひ》で十五分《ふん》からお芋《いも》が多ければ二十分《ぶん》位焼《くらいや》きますが、途中《とちゅう》で三度位《どくらい》**テンピ**の戸《と》を開《あ》けてお皿《さら》を引《ひ》き出《だ》して溶《と》けた**バター**をお芋《いも》の上《うえ》からかけませんと**バター**がよく浸《し》みません。お芋《いも》の上《うえ》の方《ほう》が狐色《きつねいろ》に焦《こ》げた位《くらい》のところで**テンピ**から出《だ》して温《あたゝか》い内《うち》に召上《めしあが》ると薩摩芋《さつまいも》がこんなに美味《おい》しくなるかと思《おも》ふ様《よう》で御座《ござ》います』

記者『**バター**の嫌《きら》ひな人《ひと》には**バター**臭《くさ》くつていけますまいネ？』

夫人『いゝえ何《なん》のお料理《りょうり》でも悪《わる》い**バター**をお使《つか》ひになればイヤに臭《くさ》くなつて私《わたくし》どもにも食《た》べられませんが小岩井《こいわい》**バター**の様《よう》な上等《じょうとう》の**バター**を新《あたら》しい内《うち》にお使《つか》ひなされば少《すこ》しも**バター**臭《くさ》い事《こと》はありません』

記者『私《わたくし》どもでは上等《じょうとう》の**バター**を買《か》つて置《お》きましても一月《ひとつき》か二月過《ふたつきす》ぎると段々《だんだん》臭《くさ》くなつていけません』

夫人『**バター**は上等《じょうとう》の品《しな》でも口《くち》をあけてから一月《ひとつき》も二月《ふたつき》も其侭《そのまま》置《お》いては味《あじ》が変《かわ》つて臭《くさ》くなります。お料理《りょうり》に使《つか》ふ時《とき》は水《みず》で晒《さら》して匂《にお》ひを去《と》らなければいけません』

記者『晒《さら》すとは何《ど》うします？』
夫人『水《みず》の中《なか》へ入《い》れて箸《はし》か何《なに》かでよく撹《か》き廻《まわ》して幾度《いくたび》も水《みず》を取《と》り代《か》へると段々《だんだん》色《いろ》が白《しろ》くなつて臭《にお》ひが抜《ぬ》けます』
記者『**バター**が溶《と》けはしませんか？』
夫人『冷《つめ》たい水《みず》の中《なか》で撹《か》き廻《まわ》して居《い》ると**バター**は段々《だんだん》固《かた》くなる計《ばか》りです。夏《なつ》は水《みず》の中《なか》へ氷《こおり》を少《すこ》し入《い》れます』
記者『成《な》る程《ほど》それで分《わか》りました。お芋《いも》へ**バター**が浸《し》みてそれがよく焼《や》けて居《い》ればツルツルと咽喉《のど》を通《とお》りますから胸《むね》に支《つか》へますまい』
夫人『左様《そう》です、只焼《ただや》いたお芋《いも》でも**バター**を付《つ》けて食《た》べますと胸《むね》に支《つか》へません』
記者『薩摩芋《さつまいも》を沢山《たくさん》食《た》べて胸《むね》に閊《つか》へたり胸《むね》が焼《や》けたりした時《とき》は随分困《ずいぶんこま》りますネ』
夫人『其時《そのとき》は昆布茶《こんぶちゃ》を召上《めしあが》ると胸《むね》がすきます』
記者『昆布茶《こんぶちゃ》とは何《ど》う云《い》ふものです？』
夫人『本式《ほんしき》にすれば板昆布《いたこんぶ》を小《ちい》さく切《き》つて梅干《うめぼし》を入《い》れて水《みず》を沢山《たくさん》にして三十分程《ぶんほど》煮《に》

出《だ》したものです。手軽《てがる》にすれば北海道《ほっかいどう》で出来《でき》る缶入《かんい》りの昆布茶《こんぶちゃ》を買《か》つて普通《ふつう》のお茶《ちゃ》の様《よう》に熱《あつ》い湯《ゆ》を注《つ》げば直《す》ぐ出来《でき》ます』

記者『昆布《こんぶ》は中中《なかなか》効能《こうのう》がありますネ』

夫人『昆布《こんぶ》も効能《こうのう》がありますが薩摩芋《さつまいも》も中中《なかなか》効能《こうのう》のあるもので子供《こども》が過《あやま》つて固《かた》いものを飲《の》み込《こ》んだ時直《ときす》ぐに薩摩芋《さつまいも》を沢山《たくさん》食《た》べさせるとかお芋《いも》の筋《すじ》にくるまつて大抵《たいてい》は無難《ぶなん》で出《で》ます。この事《こと》はお医者《いしゃ》からも聞《き》いて居《お》りましたが私《わたくし》どもの女《おんな》の子《こ》が梅干《うめぼし》の尖《とが》つた核子《たね》を過《あやま》つて飲《の》み込《こ》みました時直《ときす》ぐに薩摩芋《さつまいも》を沢山《たくさん》食《た》べさせましたら何《なん》の障《さわ》りもなく翌日《よくじつ》出《で》ましたのでお医者《いしゃ》の言葉《ことば》の詐《いつわり》ならぬを感《かん》じました。斯《こ》ういふ時《とき》にはお芋《いも》を裏漉《うらご》しにしない方《ほう》が宜《よ》う御座《ござ》います』

記者『爾《そ》う云《い》ふ事《こと》は心得《こころえ》て居《い》ると人《ひと》の為《た》めになりますネ』

松茸《まつたけ》は如何《いか》に択《えら》ぶべきか

記者『今《いま》に追々《おいおい》松茸《まつたけ》が出《で》て参《まい》りますから松茸《まつたけ》のお料理《りょうり》を少《すこ》し伺《うかが》ひたいものです。東《とう》京《きょう》で松茸《まつたけ》を買《か》ひますと虫《むし》のあるのが交《まじ》つて居《い》て困《こま》りますがあれは何《ど》うすると虫《むし》のないのを買《か》ふ事《こと》が出来《でき》ませう？』

夫人『松茸《まつたけ》をお買《か》ひなさる時《とき》は必《かなら》ず指先《ゆびさき》で茎《がく》を摘《つま》んで御覧《ごらん》なさい、茎《かく》が固《かた》くつてしまつて居《い》る様《よう》なのは虫《むし》が居《い》ませんし軟《やわらか》くつてプクプクして居《い》るのはきつと虫《むし》が居《お》ります』

記者『色《いろ》は何《ど》ういふのが宜《よ》いでせう？』

夫人『一体《たい》に色《いろ》の白《しろ》い方《ほう》が黒《くろ》いのよりも宜《よ》う御座《ござ》います。それに肉《にく》が厚《あつ》くつて傘《かさ》があまり開《ひら》かない方《ほう》が上等《じょうとう》です』

記者『松茸《まつたけ》の傘《かさ》の裏《うら》には砂《すな》や塵《ごみ》が沢山《たくさん》あるものですネ、あれは何《ど》うすると綺麗《きれい》になります？』

夫人『左の手《て》で箸《はし》を持《も》つて松茸《まつたけ》の茎《かく》を挟《はさ》んで、右《みぎ》の手《て》で外《ほか》の箸《はし》を持《も》つて松茸《まつたけ》の傘《かさ》をポンポンと上《うえ》から叩《たた》くと傘《かさ》の裏《うら》に付《つ》いて居《い》る砂《すな》や塵《ごみ》は下《した》へ落《お》ちて了《しま》ひます』

記者『それでも松茸《まつたけ》には色々《いろいろ》の虫《むし》や塵《ごみ》が附《つ》いて居《い》て気味《きみ》の悪《わる》いものですネ』

夫人『爾《そ》う云《い》ふ虫《むし》を殺《ころ》す為《た》めに松茸《まつたけ》は必《かなら》ず一間程《かんほど》も強《つよ》い塩水《しおみず》に漬《つ》けて置《お》いてからお料理《りょうり》に使《つか》はなければなりません』

記者『松茸《まつたけ》は非常《ひじょう》に強《つよ》い刺撃性《しげきせい》を持《も》つて居《い》て何《ど》うかすると中毒《ちゅうどく》を起《おこ》すさうですネ？』

夫人『それですから松茸《まつたけ》を食《た》べる時《とき》は必《かなら》ずお豆腐《とうふ》のお料理《りょうり》を一緒《しょ》に出《だ》します。或《あるい》は松茸《まつたけ》のお汁《つゆ》を拵《こしら》へるにもお豆腐《とうふ》を入《い》れますのはお豆腐《とうふ》の蛋白質《たんぱくしつ》が松茸《まつたけ》の刺撃性《しげきせい》を吸収《きゅうしゅう》するからださうです』

記者『お豆腐《とうふ》も中々《なかなか》効能《こうのう》がありますネ』

夫人『お豆腐《とうふ》を食《た》べながら御酒《おさけ》を飲《の》むと中々《なかなか》酔《よ》はないさうですがそれもお豆腐《とうふ》の蛋《たん》白質《ぱくしつ》が酒《さけ》の刺撃性《しげきせい》を吸収《きゅうしゅう》するからださうです。**ブランデー**へ玉子《たまご》の黄身《きみ》を交《ま》ぜて**ランブラン**にしますと誰《だれ》でも飲《の》めますのは玉子《たまご》の黄身《きみ》が**ブランデー**の刺撃性《しげきせい》を吸収《きゅうしゅう》するからださうです』

記者『それでは松茸《まつたけ》の中毒《ちゅうどく》でも起《おこ》した時《とき》に玉子《たまご》の黄身《きみ》を飲《の》んでも効能《こうのう》がありませう

ネ？』

夫人『左様《そう》です、松茸《まつたけ》の中毒計《ちゅうどくばか》りでありません。魚《さかな》でも何《なん》でも食物《しょくもつ》の中毒《ちゅうどく》を起《おこ》した時《とき》には直《す》ぐに生玉子《なまたまご》の黄身《きみ》を二《ふた》つか三《みっ》つ飲《の》んで置《お》いてお医者《いしゃ》を待《ま》つのが宜《よ》いと申《もう》します。つまり生玉子《なまたまご》の蛋白質《たんぱくしつ》は毒物《どくぶつ》を吸収《きゅうしゅう》するからでせう』

松茸飯《まつたけめし》は如何《いか》に製《せい》するか

記者『爾《そ》う云《い》ふ風《ふう》に先《ま》づ解毒法《げどくほう》から伺《うかが》つて置《お》いて松茸《まつたけ》を食《た》べれば安心《あんしん》ですが松茸《まつたけ》のお料理《りょうり》は何《なに》が美味《おい》しう御座《ござ》いませう？』

夫人『あんまり手軽手軽《てがるてがる》とおつしやいますから今度《こんど》は手重《ておも》い方《ほう》をお話《はな》し申《もう》しませう』

記者『手重《ておも》くつても味《あじ》が良《よ》ければ我慢致《がまんいた》します』

夫人『では松茸《まつたけ》の御飯《ごはん》に致《いた》しませう。是《こ》れも種々《いろいろ》の料理法《りょうりほう》がありますが先《ま》づ普通《ふつう》にすると世間《せけん》で拵《こしら》へる桜飯《さくらめし》の様《よう》にお酒《さけ》と醤油《しょうゆ》と水《みず》とを宜《い》い程《ほど》に入《い》れてお米《こめ》の水加《みずか》減《げん》をして置《お》いて、そこへ細《こま》かく刻《きざ》んだ松茸《まつたけ》を交《ま》ぜて上手《じょうず》に炊《た》きます。是《こ》れには必《かなら》ずお豆腐《とうふ》の汁物《つゆもの》を添《そ》へなければなりません』

記者『もう一《ひと》つの法《ほう》は？』

夫人『松茸《まつたけ》を細《こま》かく刻《きざ》んで上等《じょうとう》にすれば昆布《こんぶ》の煎汁《だし》と醤油《しょうゆ》とお酒《さけ》とでザッと煮《に》て置《お》きます。昆布《こんぶ》が無《な》ければ鰹節《かつぶし》の煎汁《だし》でも構《かま》ひません。御飯《ごはん》は少《すこ》し水《みず》を減《げん》じて炊《た》きますが吹《ふ》きかけるところへ今《いま》の松茸《まつたけ》を汁《しる》共《とも》に入《い》れてその侭蓋《ままふた》をして炊《た》いて蒸《む》して置《お》きます。お櫃《ひつ》へ移《うつ》す時杓子《ときしゃくし》で中《なか》の松茸《まつたけ》をよく攪《か》き交《ま》ぜます』

記者『もう一《ひと》つの法《ほう》は？』

夫人『桜飯《さくらめし》の様《よう》に味《あじ》を付《つ》けて御飯《ごはん》を炊《た》いて吹《ふ》きかけたところへ刻《きざ》んだ松茸《まつたけ》を其侭《そのまま》入《い》れて前《まえ》の通《とお》りにします。斯《こ》うすると松茸《まつたけ》の匂《にお》ひが失《う》せませぬ』

記者『まだ別法《べっぽう》がありますか？』

夫人『ありますとも、モット美味《おい》しくするには松茸《まつたけ》の刻《きざ》んだのと上等《じょうとう》の蒲鉾《かまぼこ》の刻《きざ》んだのと交《ま》ぜて第《だい》一法《ぽう》の様《よう》に最初《さいしょ》から炊《た》き込《こ》んでもよし、第《だい》二法《ほう》の様《よう》に味《あじ》を付《つ》けて煮《に》て御飯《ごはん》の吹《ふ》きかけたところへ入《い》れてもよし、第三法《だいぼう》の様《よう》に桜飯《さくらめし》の吹《ふ》きかけたところへ入《い》れても宜《よ》う御座《ござ》います』

記者『まだ別法《べっぽう》がありますか？』

夫人『一番手軽《ばんてがる》な法《ほう》は別段《べつだん》に煎汁《だし》を使《つか》はないで松茸《まつたけ》を細《こま》かく刻《きざ》んで醤油《しょうゆ》と味淋《みりん》でよく煮《に》て炊《た》きたての御飯《ごはん》へ汁共《しるとも》に交《ま》ぜて出《だ》します』

記者『水《みず》を入《い》れなければ汁《しる》が出来《でき》ますまい』

夫人『新《あた》らしい松茸《まつたけ》なら松茸《まつたけ》の液《つゆ》が沢山《たくさん》出《で》ますから水《みず》を入《い》れるに及《およ》びません』

記者『この御飯《ごはん》には何《いず》れも豆腐汁《とうふじる》を添《そ》へなければなりますまいネ』

夫人『勿論《もちろん》です』

松茸《まつたけ》の手軽料理《てがるりょうり》は如何《いか》にするか

記者『今度《こんど》は松茸《まつたけ》の極《ご》く手軽《てがる》い料理《りょうり》を伺《うかが》ひませう』

夫人『松茸《まつたけ》を蒸《ふか》して手《て》で裂《さ》いて酢醤油《すじょうゆ》で召上《めしあ》がつても結構《けっこう》です』

記者『酢《す》醤油《じょうゆ》とは何《ど》ういふものですか？』

夫人『酢《す》二杯《はい》に醤油《しょうゆ》一杯《ぱい》を交《ま》ぜたものです』

記者『松茸《まつたけ》を手《て》で裂《さ》くのは何《ど》ういふ訳《わけ》です？』

夫人『包丁《ほうちょう》を当《あ》てると味《あじ》が悪《わる》くなります』

記者『このお料理《りょうり》は蒸《ふか》すのに限《かぎ》りますか？』

夫人『蒸《ふか》すよりも焼《や》いた方《ほう》が上等《じょうとう》です。手軽《てがる》にすればゆでても出来《でき》ます』

記者『手軽《てがる》な西洋料理《せいようりょうり》がありますか？』

夫人『松茸《まつたけ》の傘《かさ》ばかりを**バター**でヂリヂリいためて塩《しお》で味《あじ》を附《つ》けて出《だ》しても宜《よ》う御《ご》座《ざ》います』

記者『松茸《まつたけ》の**ロース**といふものは大層《たいそう》美味《おい》しいと聞《き》きましたが何《ど》う致《いた》します？』

夫人『松茸《まつたけ》を三《みっ》つか四《よ》つに竪裂《たてさ》きにして塩《しお》と胡椒《こしょう》を振《ふ》りかけて**バター**を載《の》せて**テンピ**の中《なか》で二十分《ぶん》位《くらい》焼《や》きますと大層《たいそう》味《あじ》が良《よ》くなります』

初茸《はつたけ》は如何《いか》に料理《りょうり》するか

記者『松茸《まつたけ》は産地《さんち》が少《すく》なう御座《ござ》いますけれども初茸《はつたけ》は何処《どこ》の国《くに》にも大概《たいがい》あります。初茸《はつたけ》の料理法《りょうりほう》は松茸《まつたけ》と似《に》たものでせうか？』

夫人『左様《さよう》です。大概松茸《たいがいまつたけ》の通《とお》りに料理《りょうり》すれば宜《よ》う御座《ござ》いますし、又必《またかなら》ずお豆腐《とうふ》と一緒《しょ》に食《た》べなければいけません。御覧《ごらん》の通《とお》りこの辺《へん》は松林《まつばやし》が多《おお》くつて初茸《はつたけ》が沢山《たくさん》取《と》れますから種々《いろいろ》の料理《りょうり》にして見《み》ましたが初茸《はつたけ》は**スープ**にすると大層味《たいそうあじ》が良《よ》くつて松茸《まつたけ》に勝《まさ》ります』

記者『初茸《はつたけ》の**スープ**は何《ど》う致《いた》します？』

夫人『極《ご》く新鮮《しんせん》な初茸《はつたけ》を取《と》つてよく洗《あら》つて強《つよ》い塩水《しおみず》へ一時間程《じかんほど》漬《つ》けて置《お》いてそれを沢山《たくさん》の水《みず》で三時間程煮《じかんほどに》つめます。それからホンの少《すこ》しの塩《しお》と少《すこ》しの醤油《しょうゆ》で味《あじ》を附《つ》けて又暫《またしば》らく煮《に》ますと大層美味《たいそうおい》しい**スープ**が出来《でき》ます』

記者『色々難有《いろいろありがと》う御座《ござ》いました、来月《らいげつ》は復《ま》た例《れい》のお手軽料理《てがるりょうり》を伺《うかが》ひに参《まい》ります』

豆腐《とうふ》は如何《いか》に料理《りょうり》するか（十一月記）

記者『近来《きんらい》豆腐《とうふ》が非常《ひじょう》に声価《せいか》を揚《あ》げました。大沢《おおさわ》医学博士《いがくはくし》や高田《たかた》医学博士《いがくはくし》などが豆腐《とうふ》は日本《にほん》一の滋養品也《じようひんなり》と絶叫《ぜっきょう》せられて以来《いらい》、上《かみ》は貴顕紳士《きけんしんし》の家庭《かてい》より下《しも》は裏店《うらたな》小店《こたな》の台所《だいどころ》に至《いた》るまで毎日《まいにち》一度宛《どずつ》豆腐《とうふ》の顔《かお》を見《み》ない事《こと》はありません。現《げん》に大沢《おおさわ》高田《たかた》の両医伯《りょういはく》も必《かなら》ず一度宛《どずつ》は豆腐《とうふ》を召上《めしあが》ると承《うけたまわ》りました。値段《ねだん》の廉《やす》い豆腐《とうふ》がそれ程《ほど》の功能《こうのう》を有《ゆう》すると知《し》つては安直主義《あんちょくしゅぎ》の我々《われわれ》奈何《いかん》ぞ豆腐党《とうふとう》たらざらんや。私《わたくし》どもでは一日《にち》に二度位豆腐《どくらいとうふ》を用《もち》ふる様《よう》になりまして宅《うち》の子供《こども》が「お母《かあ》さん、又《また》お豆腐《とうふ》ですか」と膳《ぜん》に向《むか》つて顔《かお》をしかめるのも大笑《おおわら》ひです。ところで我々《われわれ》豆腐党《とうふとう》の為《た》めに相不変《あいかわらず》の手軽料理《てがるりょうり》をお教《おし》へ下《くだ》さいませんか？』

夫人『如何《いか》にもお豆腐《とうふ》の功能《こうのう》は今更《いまさら》の様《よう》に人《ひと》が評判《ひょうばん》致《いた》します。私共《わたくしども》も豆腐《とうふ》は中々《なかなか》の好物《こうぶつ》で西京《さいきょう》へ参《まい》ると美味《おい》しいお豆腐《とうふ》を食《た》べられるのが何《なに》より楽《たの》しみな位《くらい》です。西京《さいきょう》のお豆腐《とうふ》は特別《とくべつ》に味《あじ》が良《よ》くつて外《ほか》の土地《とち》では何《ど》うしても真似《まね》が出来《でき》ないと思《おも》ひましたが全《まった》く水《みず》の為《た》めで幸堂得知先生《こうどうとくちせんせい》のお説《せつ》によると西京《さいきょう》の水《みず》は鴨川《かもがわ》の水《みず》でも井戸《いど》の水《みず》でも豆腐《とうふ》に適《てき》するさうで御座《ござ》います。西京《さいきょう》で湯豆腐《ゆどうふ》を煮《に》ますと東京《とうきょう》の様《よう》に鬆《す》が立《た》ちませんから豆腐《とうふ》の違《ちが》ふ為《た》めかと存《ぞん》じましたら全《まった》く水《みず》の違《ちが》ふ為《た》めで水《みず》の中《なか》に曹達質《そうだしつ》を含《ふく》んで居《い》る故《せい》だらうと云《い》ふ事《こと》です』

記者『西京《さいきょう》の湯豆腐《ゆどうふ》は鬆《す》が立《た》ちませんか？』

夫人『はい、何《なに》も入《い》れないでも東京《とうきょう》の様《よう》に鬆《す》が立《た》つて硬《かた》くなる事《こと》はありません』

記者『東京《とうきょう》では豆腐《とうふ》を煮《に》る時《とき》湯《ゆ》の中《なか》へ少《すこ》しの食塩《しょくえん》かさもなければ炭酸曹達《たんさんそうだ》を少《すこ》し入《い》れて置《お》きませんと直《じ》きに鬆《す》が立《た》つて硬《かた》くなりますネ』

夫人『曹達《そうだ》をお入《い》れになると柔《やわらか》になりますが何《ど》うも少《すこ》し匂《にお》ひが付《つ》きはしまいかと存《ぞん》じます。私共《わたくしども》では湯豆腐《ゆどうふ》を煮《に》る時《とき》に上等《じょうとう》の葛《くず》を少許《すこしばか》り水《みず》で溶《と》いて湯《ゆ》の中《なか》へ入《い》れますが爾《そ》うすると豆腐《とうふ》にも鬆《す》が立《た》ちませんし、豆腐《とうふ》が柔《やわらか》くスベスベして来《き》て大層味《たいそうあじ》が良《よ》くなります』

記者『成《な》る程《ほど》、湯豆腐《ゆどうふ》の中《なか》へは葛《くず》を溶《と》き込《こ》むのが宜《よろ》しう御座《ござ》いますか、早速帰《さっそくかえ》つたら試《ため》して見《み》ませう。然《しか》し何《いず》れにしても湯豆腐《ゆどうふ》はあんまり長《なが》く煮《に》ると味《あじ》が抜《ぬ》けますネ』

夫人『左様《さよう》です、お豆腐《とうふ》が煮《に》えると浮《う》き上《あが》りますから、そこを掬《すく》つて食《た》べるのが一番《ばん》味《あじ》も良《よ》いと申《もう》します』

記者『湯豆腐《ゆどうふ》を煮《に》る時《とき》外《ほか》にもつと味《あじ》を付《つ》ける工風《くふう》は御座《ござ》いませんか？』

夫人『上等《じょうとう》に致《いた》しますと鍋《なべ》の底《そこ》へ板昆布《いたこんぶ》の広《ひろ》いのを敷《し》いて其《その》上《うえ》へ湯《ゆ》を入《い》れて豆腐《とうふ》を煮《に》ます。昆布《こんぶ》の味《あじ》が豆腐《とうふ》に浸《し》みますから一層《そう》美味《おい》しくなる訳《わけ》でございます』

記者『成《な》る程《ほど》それは名法《めいほう》で御座《ござ》いますナ、夏《なつ》の奴豆腐《やっこどうふ》にも何《なに》か変《かわ》つた食《た》べ方《かた》が御座《ござ》いませうか？』

夫人『よく世間《せけん》では奴豆腐《やっこどうふ》と云《い》つて生《なま》のまゝ直《す》ぐに召上《めしあが》りますが、私共《わたくしども》では只《ただ》今《いま》申《もうし》上《あ》げた湯豆腐《ゆどうふ》の様《よう》に葛《くず》を入《い》れたお湯《ゆ》で一旦《たん》煮《に》てそれを湯冷《ゆざま》しの中《なか》で冷《ひや》します。尤《もっと》も暑《あつ》い日《ひ》には湯冷《ゆざま》しの中《なか》へ氷《こおり》を入《い》れませんとよく冷《ひ》えません』

記者『それにも矢張《やは》り昆布《こんぶ》を入《い》れて煮《に》たら尚《なお》宜《よ》う御座《ござ》いませうネ』

夫人『左様《さよう》です、昆布《こんぶ》を入《い》れますと豆腐《とうふ》の消化《しょうか》が早《はや》くなります。その証拠《しょうこ》には大豆《だいず》と昆布《こんぶ》と共《とも》に煮《に》れば双方《そうほう》共《とも》早《はや》く柔《やわらか》になるので分《わか》ります』

記者『成《な》る程《ほど》例《れい》の化学《かがく》作用《さよう》ですネ』

餡《あん》掛《か》け豆腐《どうふ》は如何《いか》に製《せい》するか

記者『お豆腐《とうふ》の料理《りょうり》で一番《ばん》手《て》軽《がる》なのは湯豆腐《ゆどうふ》ですが其《その》次《つぎ》は何《なん》のお料理《りょうり》でせう？』

夫人『左様《さよう》です、先《ま》づ餡《あん》掛《か》け豆腐《どうふ》位《くらい》なものでせう』

記者『餡《あん》掛《か》け豆腐《どうふ》は造作《ぞうさ》もありません。豆腐《とうふ》をゆでて葛《くず》の餡《あん》を掛《か》ければそれでよいのでせう』

夫人『一口《ひとくち》に爾《そ》う云《い》つて了《しま》へば誠《まこと》に無造作《むぞうさ》なもので誰《だれ》が拵《こしら》へても訳《わけ》はない様《よう》に見《み》えますが、さて美味《おい》しい餡《あん》掛《か》け豆腐《どうふ》を食《た》べやうとするには中々《なかなか》骨《ほね》が折《お》れます』

記者『へー、餡《あん》掛《か》け豆腐《どうふ》にも上手《じょうず》下手《へた》がありませうか？』

夫人『同《おな》じ餡《あん》掛《か》け豆腐《どうふ》と云《い》つても京都《きょうと》の平野屋《ひらのや》の餡《あん》掛《か》け豆腐《どうふ》が名代《なだい》になつて居《い》る様《よう》

なものでいろ〳〵上手下手《じょうずへた》が御座《ござ》います。先《ま》づお豆腐《とうふ》の方《ほう》から申《もう》しますと湯《ゆ》を煮立《にた》てて其中《そのなか》へ水《みず》で溶《と》いた葛《くず》を少《すこ》し入《い》れてそれがよくかへつた時分《じぶん》にお豆腐《とうふ》を入《い》れます。暫《しばら》く煮《に》て居《い》るとお豆腐《とうふ》が浮上《うきあが》りますからそれを孔《あな》のある杓子《しゃくし》で掬《すく》つてよく水気《みずけ》を切《き》つてお椀《わん》の中《なか》へれます。餡《あん》の方《ほう》は鰹節《かつぶし》と昆布《こんぶ》で美味《おい》しい煎汁《だし》を取《と》つてそれへホンの少《すこ》しの砂糖《さとう》と醤油《しょうゆ》で味《あじ》をつけますがこれには味淋《みりん》を使《つか》つてはいけません。砂糖《さとう》も甘過《あます》ぎる程《ほど》入《い》れて砂糖《さとう》の味《あじ》が出《で》る様《よう》ではいけません。ホンの少《すこ》し入《い》れたか入《い》れないか分《わか》らない位《くらい》に使《つか》つて味《あじ》を出《だ》すのが料理人《りょうりにん》の技倆《ぎりょう》だと申《もう》します。その味《あじ》が良《よ》く出来《でき》ましたら葛《くず》を溶《と》いて入《い》れてお豆腐《とうふ》へ掛《か》けます。この餡《あん》はあまり濃《こ》くなり過《す》ぎてはいけません。箸《はし》でちぎれる様《よう》な餡《あん》はお豆腐《とうふ》となづみませんで双方《そうほう》の味《あじ》が合《あ》ひません。つまり汁《しる》の濃《こ》い位《くらい》にするのが丁度宜《ちょうどよ》う御座《ござ》います』

記者『爾《そ》う伺《うかが》つて見《み》ると餡掛《あんか》け豆腐《とうふ》も中々《なかなか》むづかしいものですネ？』

夫人『何《なん》でも美味《おい》しく拵《こしら》へるのには爾《そ》う手軽《てがる》には参《まい》りません。この餡掛《あんか》け豆腐《とうふ》へは山葵《わさび》と辛子《からし》を交《ま》ぜて載《の》せるのが秘伝《ひでん》の様《よう》になつて居《お》ります』

記者『爾《そ》うすると味《あじ》が良《よ》くなりますか？』

夫人『大層味《たいそうあじ》が良《よ》くなります。それは山葵《わさび》をすりおろして置《お》きまして別《べつ》に西洋辛子《せいようからし》を水《みず》で溶《と》いて双方等分《そうほうとうぶん》によく交《ま》ぜます』

記者『西洋辛子《せいようからし》は直《す》ぐに使《つか》へて便利《べんり》ですネ、日本《にほん》の辛子《からし》の粉《こな》は一度《ど》アクを抜《ぬ》いて使《つか》はなければなりませんか？』

夫人『左様《さよう》です、日本《にほん》の辛子《からし》の粉《こな》をかくには深《ふか》い茶碗《ちゃわん》の様《よう》なものへ入《い》れて少《すこ》し固《かた》い位《くらい》に水《みず》でかきます。其上《そのうえ》へ紙《かみ》を貼《は》る様《よう》につけて紙《かみ》の上《うえ》から湯《ゆ》を注《つ》ぎます。その湯《ゆ》の中《なか》へよく起《おこ》つた炭火《すみび》を入《い》れますとジユーッと消《き》えます。それを出《だ》して又外《またほか》の火《ひ》を二三度入《とい》れると湯《ゆ》が熱《あつ》くなつて段段減《だんだんへ》つて了《しま》ひます。湯《ゆ》がなくなつた時《じ》分紙《ぶんかみ》をかぶせたまま茶碗《ちゃわん》を伏《ふ》せて暫《しばら》く置《お》いてよく搔《か》き廻《まわ》すと辛味《からみ》が出《で》て参《まい》ります』

田《た》毎《ごと》豆腐《どうふ》は如何《いか》に製《せい》するか

記者『餡《あん》け豆腐《どうふ》の様《よう》な手軽《てがる》い者《もの》の外《ほか》に面白《おもしろ》いお料理《りょうり》はありませんか?』

夫人『田《た》毎《ごと》豆腐《どうふ》と云《い》ふものがあります』

記者『姨捨山《おばすてやま》田毎《たごと》の月《つき》を像《かたど》つたものですか?』

夫人『左様《さよう》です、今《いま》の餡掛《あんか》け豆腐《どうふ》をお覚《おぼ》えになればそれこそ無造作《むぞうさ》なことです。前《まえ》の様《よう》にお湯《ゆ》へ葛《くず》を入《い》れて煮立《にた》たせたらお豆腐《とうふ》を二寸角位《すんかくくらい》に切《き》つてゆでます。それがゆだつたら孔《あな》のある杓子《しゃくし》でそつとお椀《わん》へうつしてお豆腐《とうふ》の中央《まんなか》を小《ちい》さな匙《さじ》で円《まる》くくりぬきましてその孔《あな》へ玉子《たまご》の黄身《きみ》計《ばか》りを落《おと》します。そこへ餡《あん》の熱《あつ》い所《ところ》をかけて前《まえ》の様《よう》な辛味《からみ》を添《そ》へて出《だ》しますとお豆腐《とうふ》の温《あたたか》さや餡《あん》の熱《あつ》さで玉子《たまご》の黄《き》身《み》が丁度《ちょうど》よく温《あたたか》になります。これがお豆腐《とうふ》の中《なか》に月《つき》のある形《かたち》で即《すなわ》ち田毎《たごと》の月《つき》で御座《ござ》います』

記者『少々《しょうしょう》こじつけの気味《きみ》がありますネ。四角《かく》な豆腐《とうふ》に円《まる》い玉子《たまご》ですから昔《むかし》の歌《うた》に

「円《まる》う四角《しかく》う長《なが》う短《みじか》う」といふのがあるのにて居《お》ります』
夫人『それは何《なん》の事《こと》です？』
記者『太閤秀吉《たいこうひでよし》が或時《あるとき》大勢《おおぜい》を集《あつ》めて「円《まる》う四角《かく》う長《なが》う短《みじか》う」と云《い》ふ題《だい》を出《だ》してこれに附句《つけく》をしろと申《もう》しましたら、曽呂利新左衛門《そろりしんざえもん》が忽《たちま》ち筆《ふで》を取《と》つて「丸盆《まるぼん》に豆腐《とうふ》を載《の》せて行《ゆ》くちんば」とつけました』
夫人『おほゝゝ、「丸盆《まるぼん》に豆腐《とうふ》を載《の》せて行《ゆ》くちんば円《まる》う四角《かく》う長《なが》う短《みじか》う」如何《いか》にもその通《とお》りですがあんまり上品《じょうひん》な歌《うた》ではありませんネ』
記者『さればこそ細川幽斎《ほそかわゆうさい》がモット上品《じょうひん》に附《つ》けて「筒井筒月《つついづつつき》釣《つ》り上《あ》ぐる箱釣瓶《はこつるべ》、円《まる》う四角《かく》う長《なが》う短《みじか》う」と致《いた》しました』
夫人『これは大層良《たいそうよ》い歌《うた》で御座《ござ》いますネ。筒井筒《つついづつ》の箱釣瓶《はこつるべ》に月《つき》を入《い》れて釣上《つりあ》げる工《ぐ》合《あい》を巧《たくみ》に申《もう》したのは流石《さすが》に幽斎《ゆうさい》で御座《ござ》いますね』
記者『曽呂利新左衛門《そろりしんざえもん》に田毎豆腐《たごとどうふ》を御馳走《ごちそう》しましたら定《さだ》めて何《なん》とか名句《めいく》が出来《でき》ませう、「餡掛《あんか》けの田毎豆腐《たごとどうふ》を味《あじわ》へば円《まる》う四角《かく》う熱《あつ》う冷《つめ》たう」なぞは如何《いかが》です？』

夫人『おほゝゝ、それも随分《ずいぶん》こじつけですネ、熱《あつ》う冷《つめ》たうとは何《ど》う云《い》ふ訳《わけ》です？』

記者『餡《あん》の熱《あつ》いので舌《した》を焼《や》きさうなところへ生玉子《なまたまご》の黄身《きみ》の冷《つめ》たいのが出《で》ると云《い》ふ訳《わけ》ですがいけませんか？』

夫人『生玉子《なまたまご》が冷《つめ》たい様《よう》ではお料理《りょうり》がお下手《へた》なのです。熱《あつ》いお豆腐《とうふ》の中《なか》へ入《い》れて少《すこ》し蒸《む》れる位《くらい》になつて居《い》るところへ餡《あん》の熱《あつ》いのを掛《か》けますから黄身《きみ》は決《けっ》して冷《つめ》たくはありません』

記者『あはゝゝ、では先《ま》づ取消《とりけ》しと致《いた》しまして次《つぎ》のお料理《りょうり》を伺《うかが》ひませう』

豆腐《とうふ》の天麩羅《てんぷら》は如何《いか》に製《せい》するか

記者『食道楽《しょくどうらく》の歌《うた》と云《い》ふものを拝見《はいけん》致《いた》しましたら「生豆腐《なまどうふ》水気《みずけ》を切《き》つて葛《くず》の粉《こ》をそのまゝつけて天麩羅《てんぷら》にせよ」と云《い》ふのが御《ご》いましたがお豆腐《とうふ》が天麩羅《てんぷら》になりませうか？』

夫人『はい天麩羅《てんぷら》にすると中々《なかなか》結構《けっこう》に食《た》べられます。それは歌《うた》にもある通《とお》りお豆腐《とうふ》を好《よ》い加減《かげん》に薄《うす》く切《き》つて布巾《ふきん》の上《うえ》へ暫《しばら》く載《の》せて置《お》いて水気《みずけ》を切《き》ります。別《べつ》に上《じょう》等《とう》の葛《くず》を粉《こ》にしますか或《あるい》は美濃《みの》の養老《ようろう》の寒晒《かんざら》し葛《くず》の様《よう》な粉《こな》になつたのを使《つか》へば尚宜《なおよ》う御座《ござ》いますが、その粉《こな》をお豆腐《とうふ》の両側《りょうがわ》へピタピタと叩《たた》き付《つ》けて**サラダ**油《ゆ》か**ラード**か**バター**の中《なか》で揚《あ》げますと**フライ**の様《よう》なものが出来《でき》ます。別《べつ》に美味《おい》しい煎汁《だし》へ醤油《しょうゆ》と味淋《みりん》で味《あじ》を付《つ》けて大根《だいこん》卸《おろ》しを添《そ》へて食《た》べるか或《あるい》はその汁《しる》へうす葛《くず》を引《ひ》いて掛《か》けても宜《よ》う御座《ござ》います』

記者『先《ま》づ上等《じょうとう》の油揚《あぶらあげ》の様《よう》なものですネ』

夫人『油揚《あぶらあげ》程《ほど》に揚《あ》げて了《しま》つてはいけません中《なか》の柔《やわらか》い位《くらい》なところが結構《けっこう》です』

豆腐汁《とうふじる》は如何《いか》に製《せい》するか

記者『一口《ひとくち》に豆腐汁《とうふじる》と申《もう》しますがその汁《しる》の拵《こしら》へ方《かた》はいろ〳〵ありますか？』

夫人『はい、いろ〳〵御座《ござ》います。先《ま》づちよいとした法《ほう》で大層《たいそう》味《あじ》の良《よ》くなるのは普《ふ》通《つう》の様《よう》に美味《おい》しい煎汁《だし》へ醤油《しょうゆ》計《ばか》りで味《あじ》を附《つ》けて八杯《はい》豆腐《とうふ》を入《い》れて煮《に》ますが煮立《にた》つたら直《す》ぐにお鍋《なべ》を下《おろ》します。お椀《わん》の底《そこ》へ山葵《わさび》をすりおろして入《い》れて置《お》いてその上《うえ》へこの豆腐汁《とうふじる》を注《つ》いで直《す》ぐ蓋《ふた》をして暫《しば》らく蒸《む》らして出《だ》しますと山葵《わさび》の味《あじ》が浸《し》みて大層美味《たいそうおい》しくなります』

記者『大賛成《だいさんせい》、爾《そ》ういふ手軽《てがる》なのが宜《よ》う御座《ござ》います』

夫人『もう一《ひと》つお教《おし》へ申《もう》しませうか、先《ま》づ普通《ふつう》の味噌汁《みそじる》を立《た》てゝ置《お》きます。別《べつ》にお豆腐《とうふ》の水気《みずけ》をよく切《き》つて擂鉢《すりばち》の中《なか》でよく擂《す》ります。そこへ味噌汁《みそじる》を少《すこ》しづゝ幾《いく》度《たび》にも入《い》れて好《よ》い加減《かげん》にのばして火《ひ》の上《うえ》でサツト煮《に》ますが鯛《たい》の身《み》でも入《い》れますと大層味《たいそうあじ》が良《よ》くなります』

記者『鯛《たい》は滅多《めった》に得《え》られませんが鯔《ぼら》くらゐでは如何《いかが》でせう?』

夫人『鯔《ぼら》ならば一旦白焼《たんしらやき》にしてお入《い》れなさると匂《にお》ひが取《と》れて宜《よ》う御座《ござ》います』

記者『よく玉子豆腐《たまごどうふ》と云《い》ふものがありますが、あれは手軽《てがる》にすると何《ど》う致《いた》します?』

夫人『全体玉子豆腐《ぜんたいたまごどうふ》は玉子計《たまごばか》りでお豆腐《とうふ》の様《よう》に拵《こしら》へるのが本式《ほんしき》ですけれどもお豆腐《とうふ》を使《つか》つて手軽《てがる》に製《せい》する法《ほう》もあります。それは豆腐《とうふ》の水気《みずけ》を切《き》つて擂鉢《すりばち》で擂《す》りましてそこへ豆腐《とうふ》半丁《はんちょう》に二《ふた》つ位《くらい》の生玉子《なまたまご》を入《い》れて又《また》よく擂《す》り交《ま》ぜます。鰹節《かつぶし》の煎《だ》汁《し》へ醤油《しょうゆ》で味《あじ》をつけて今《いま》のものを入《い》れて煮《に》て出《だ》しますと手軽《てがる》の玉子《たまご》豆腐《どうふ》が出来《でき》ます』

記者『豆腐《とうふ》の方《ほう》へは何《なん》にも味《あじ》を附《つ》けませんか?』

夫人『塩《しお》を少《すこ》しお入《い》れになると味《あじ》がしまつて一層《そう》良《よ》くなります』

焼豆腐《やきどうふ》は如何《いか》に煮《に》るか

記者『お豆腐料理《とうふりょうり》は値段《ねだん》が安《やす》くつて手軽《てがる》なものですがこれを非常《ひじょう》に贅沢《ぜいたく》な上等料《じょうとうりょう》理《り》にする事《こと》が出来《でき》ますか?』

夫人『左様《さよう》です焼豆腐《やきどうふ》を一日《にちに》煮るのは随分贅沢《ずいぶんぜいたく》な料理《りょうり》です』

記者『それは何《ど》う致《いた》します?』

夫人『先《ま》づ大《おお》きな焼豆腐《やきどうふ》を四《よ》つ切《ぎり》にして最初《さいしょ》は酒《さけ》と水《みず》とホンの少《すこ》しの砂糖《さとう》で半日《はんにち》煮《に》ますが火《ひ》が強過《つよす》ぎるといけませんからその加減《かげん》が大切《たいせつ》です。それから醤油《しょうゆ》を注《さ》して又《また》半日《はんにち》煮ます。つまり朝早《あさはや》くから晩《ばん》まで煮通《にとお》しますが上手《じょうず》に出来《でき》ると実《じつ》に美味《おい》しう御座《ござ》います』

記者『そんなお料理《りょうり》がありますか、火加減味加減《ひかげんあじかげん》が六《むづ》か敷《し》う御座《ござ》いませうネ』

夫人『その加減《かげん》一《ひと》つでお料理《りょうり》になるのです。醤油《しょうゆ》なぞも最初《さいしょ》に多《おお》く入《い》れ過《す》ぎると煮《に》上《あが》つた時分《じぶん》鹹《しおから》くなつていけません。最初《さいしょ》に少《すこ》し注《つ》いで又途中《またとちゅう》で醤油《しょうゆ》を注《つ》ぐとトント味《あじ》が悪《わる》くなります。何《なん》でも煮物《にもの》に醤油《しょうゆ》を二度《にど》注《つ》ぐ事《こと》は禁物《きんもつ》ですから、最初《さいしょ》に加減《かげん》を見計《みはか》つて一度《いちど》に注《つ》いで其侭《そのまま》煮通《にとお》さなければなりません』

大豆《だいず》は如何《いか》に料理《りょうり》するか

記者『お豆腐《とうふ》の滋養分《じようぶん》は大豆《だいず》の滋養分《じようぶん》から出《で》るので大豆《だいず》は野菜中《やさいちゅう》の王《おう》だと聞《き》きましたが大豆《だいず》の料理《りょうり》は何《なに》か御座《ござ》いませうか?』

夫人『左様《さよう》ですねえ、大豆《だいず》は葡萄豆《ぶどうまめ》に煮《に》て置《お》きますと寒《さむ》い時分《じぶん》は三日《みっか》や四日《よっか》の副食物《おかず》になりますから大層便利《たいそうべんり》で御座《ござ》います』

記者『それは何《ど》うして拵《こしら》へます?』

夫人『葡萄豆《ぶどうまめ》にするのは第一《だい》に大豆《だいず》の極《ご》く上等《じょうとう》を選《よ》らなければなりませんが、上等《じょうとう》の大豆《だいず》は関東辺《かんとうへん》ならば下総《しもうさ》の流山《ながれやま》近傍《きんぼう》だの或《あるい》は常陸《ひたち》の土浦《つちうら》近傍《きんぼう》から出《で》ます。爾《そ》う云《い》ふ大豆《だいず》を先《ま》づ最初《さいしょ》に平《ひら》たい盆《ぼん》へ薄《うす》く置《お》いて粃《しいな》や悪《わる》いのをよく取《と》り除《の》けて粒《つぶ》の大《おお》きいの計《ばか》り選《よ》らなければなりません。それを一晩《ひとばん》水《みず》に漬《つ》けて置《お》きます。ヒネの固《かた》いのならモット長《なが》く漬《つ》けても宜《よ》う御座《ござ》います。それを煮《に》る時《とき》は成《な》るたけ深《ふか》い大《おお》きな鍋《なべ》に入《い》れて大豆《だいず》を洗《あら》つてその中《なか》へ入《い》れます。水《みず》は充分《じゅうぶん》に沢山《たくさん》入《い》れて火《ひ》にかけないと途中《とちゅう》で水《みず》が無《な》くなる事《こと》もあります。それを火《ひ》にかけて三時間程《じかんほど》ゆでますが大豆《だいず》が膨《ふく》れて柔《やわらか》になりました時《とき》若《も》し手軽《てがる》な仕方《しかた》ならばそこへ砂糖《さとう》を入《い》れて一時間程《じかんほど》煮《に》て醤油《しょうゆ》を注《さ》しで又《また》二時間程《じかんほど》煮《に》つめます』

記者『何《ど》う云《い》ふ訳《わけ》で砂糖《さとう》を先《さき》へ入《い》れますか?』

夫人『何《なん》でも斯《こ》ういふものは砂糖《さとう》だけで先《さき》へ煮《に》ると柔《やわらか》く膨《ふく》れて味《あじ》も宜《よ》う御座《ござ》いますが、醤油《しょうゆ》を先《さき》へ入《い》れると身《み》がしまつて柔《やわらか》くなりません。始《はじ》め砂糖《さとう》で膨《ふくら》ませて置《お》いてそれから醤油《しょうゆ》でしめると丁度《ちょうど》良《よ》い味《あじ》になります』

記者『醤油《しょうゆ》の入《い》れ方《かた》は何《ど》う云《い》ふ風《ふう》に致《いた》します？』

夫人『これも矢《や》つ張《ば》り前《まえ》に申《もう》した様《よう》に醤油《しょうゆ》の二度《ど》注《さ》しをしてはいけません。最初《さいしょ》にこの位《くらい》な分量《ぶんりょう》で丁度《ちょうど》好《よ》いと思《おも》ふところを見定《みさだ》めて一度《ど》注《つ》いだら終《しま》ひまでそれを煮《に》つめなければいけません。塩気《しおけ》が足《た》りまいと思《おも》つて暫《しばら》く煮《に》た後《のち》に又《また》醤油《しょうゆ》を注《さ》すと又《また》鹹《しおか》らくなつて味《あじ》が悪《わる》いものです』

記者『中々《なかなか》六《むづ》か敷《し》う御座《ござ》いますネ、素人《しろうと》が醤油《しょうゆ》を注《さ》しますと足《た》りない方《ほう》が多《おお》いでせうか、それとも注《さ》し過《す》ぎる方《ほう》が多《おお》いでせうか？』

夫人『大抵《たいてい》は注《さ》し過《す》ぎて鹹《から》くなる方《ほう》が多《おお》い様《よう》です。醤油《しょうゆ》を注《さ》す時《とき》にはまだ大豆《だいず》の汁《しる》が沢山《たくさん》ありますから其時《そのとき》はうすい様《よう》でも煮《に》つまると濃《こ》くなります。最初《さいしょ》汁《しる》に醤油《しょうゆ》を注《さ》して味《あじ》はつた時《とき》にはホンの少《すこ》し醤油《しょうゆ》が利《き》いて居《い》る位《くらい》なしほからさにしても二時間《じかん》計《ばか》り煮《に》つめた後《のち》は丁度《ちょうど》好《よ》い位《くらい》な味《あじ》になります』

記者『して見《み》ると葡萄豆《ぶどうまめ》を煮《に》るのは先《ま》づ六時間《じかん》程《ほど》かゝりますネ？』

夫人『それは極々《ごくごく》手軽《てがる》な仕方《しかた》で上等《じょうとう》にすると半日《はんにち》ゆでて半日《はんにち》煮《に》なければなりません。さうして大豆《だいず》計《ばか》りではまだ味《あじ》が良《よ》く出来《でき》ません』

記者『何《なに》を入《い》れたら宜《よ》う御座《ござ》います？』

夫人『三時間《じかん》程《ほど》ゆでた後《のち》昆布《こんぶ》を小《ちい》さく切《き》つて入《い》れてそれから前《まえ》の様《よう》な順序《じゅんじょ》でお砂糖《さとう》と醤油《しょうゆ》を注《さ》して煮《に》ますと豆《まめ》も大層《たいそう》柔《やわらか》くなりますし、味《あじ》が余程《よほど》美味《おい》しくなります。前《まえ》の法《ほう》は昆布《こんぶ》の無《な》い場合《ばあい》を申上《もうしあ》げたので昆布《こんぶ》さへあるならば大豆《だいず》は必《かなら》ず昆布《こんぶ》と共《とも》に煮《に》なければなりません。その方《ほう》が却《かえ》つて早《はや》く煮《に》えます』

記者『昆布《こんぶ》の外《ほか》にまだ入《い》れるものがありますか？』

夫人『左様《さよう》です、モツト品数《しなかず》を入《い》れる程《ほど》葡萄豆《ぶどうまめ》が美味《おい》しくなりますが、それには昆《こん》布《ぶ》の外《ほか》に勝栗《かちぐり》と氷蒟蒻《こおりこんにゃく》と人参《にんじん》と牛蒡《ごぼう》を小《ちい》さく切《き》つて入《い》れます。これが本式《ほんしき》の葡《ぶ》萄豆《どうまめ》と申《もう》すもので孰《いず》れも三時間《じかん》程《ほど》ゆでた後《のち》に砂糖《さとう》を加《くわ》へる時《とき》一緒《いっしょ》に入《い》れて一時《じ》間《かん》程《ほど》煮《に》た後《のち》に醤油《しょうゆ》を加《くわ》へて煮《に》つめなければなりません。その中《なか》で勝栗《かちぐり》は大層《たいそう》固《かた》いのと左程《さほど》に固《かた》くないのとがありますから固《かた》いのならば早《はや》く入《い》れますし、固《かた》くないのなら晩《おそ》く入《い》れます。爾《そ》うしませんと固《かた》いのは葡萄豆《ぶどうまめ》の出来上《できあが》つた時《とき》にもまだ歯《は》に障《さわ》りますし固《かた》くないのは途中《とちゅう》で溶《と》けて消《き》えて了《しま》ひます』

記者『その法《ほう》で上手《じょうず》に拵《こしら》へたら嘸《さぞ》美味《おい》しう御座《ござ》いませうネ。冬《ふゆ》ならば四日《よっか》でも五日《いつか》でも持《も》ちますか？』

夫人『左様《よう》です。寒《さむ》い時《とき》には沢山《たくさん》拵《こしら》へて置《お》きまして二日《ふつか》計《ばか》り後《のち》にモー一度《ど》火《ひ》の上《うえ》で煮通《にとお》しますと前《まえ》よりも一層《そう》柔《やわらか》くなつて美味《おい》しう御座《ござ》いますし、冷《つめ》たい所《ところ》に置《お》けば五日《いつか》や六日《むいか》は持《も》ちます』

記者『葡萄豆《ぶどうまめ》は結構《けっこう》ですが随分《ずいぶん》手数《てすう》もかゝります、長《なが》く持《も》たせないでも宜《よ》う御座《ござ》いますからモット早《はや》く出来《でき》る料理《りょうり》はありませんか？』

夫人『それなら大豆《だいず》と牛肉《ぎゅうにく》と煮《に》るのが宜《よ》う御座《ござ》います』

記者『大豆《だいず》と牛肉《ぎゅうにく》は何《ど》うして煮《に》ます？』

夫人『大豆《だいず》は矢張《やは》り水《みず》へ漬《つ》けて置《お》きますがそれをゆでないで直《す》ぐに鍋《なべ》に入《い》れて刻《きざ》んだ牛肉《ぎゅうにく》と葱《ねぎ》と人参《にんじん》とを入《い》れて好《よ》い加減《かげん》な水《みず》とホンの少《すこ》しの砂糖《さとう》を加《くわ》へて一時間《じかん》

煮《に》たら醤油《しょうゆ》を加《くわ》へて又《また》一時間《じかん》煮《に》ます』

記者『それでは二時間《じかん》で出来《でき》ますネ。大層手軽《たいそうてがる》で宜《よ》う御座《ござ》いますが豆《まめ》は柔《やわらか》くなりませうか？』

夫人『牛肉《ぎゅうにく》と煮《に》ても脂肪《しぼう》の為《た》めですか大層《たいそう》早《はや》く柔《やわらか》になります』

記者『それに牛肉《ぎゅうにく》と豆《まめ》ですから双方《そうほう》の滋養分《じようぶん》で身体《からだ》の為《た》めにもなりませう』

鯖《さば》は如何《いか》に料理《りょうり》するか

記者『此頃《このごろ》は秋鯖《あきさば》と云《い》つてき大《おお》な鯖《さば》が沢山取《たくさんと》れますが鯖《さば》を手軽《てがる》に料理《りょうり》して美味《おい》しく食《た》べる工風《くふう》は御座《ござ》いませんか？』

夫人『はい、極《ご》く手軽《てがる》なのはおろし和《あ》へでせう。それは新《あたら》しい鯖《さば》の甘皮《あまかわ》を剝《む》いて賽《さい》の目《め》に切《き》つて暫《しばら》く酢《す》に漬《つ》けて置《お》きます。別《べつ》に大根卸《だいこんおろ》しを沢山《たくさん》拵《こしら》へて今《いま》の鯖《さば》を交《ま》ぜて酢《す》と少《すこ》しの塩《しお》とで和《あ》へますと中々結構《なかなかけっこう》に戴《いただ》けます』

記者『それは簡便《かんべん》ですネ、塩鯖《しおさば》では出来《でき》ませんか？』

夫人『一塩《ひとしお》位《くらい》の鯖《さば》なら今《いま》の通《とお》りにしても結構《けっこう》です』

記者『まだ外《ほか》にも手軽《てがる》なお料理《りょうり》がありますか？』

夫人『鯖《さば》の船場煮《せんばに》と申《もう》しますと本式《ほんしき》ならば昆布煮汁《こんぶだし》を取《と》って置《お》きます。昆布《こんぶ》が無《な》ければ鰹節《かつおぶし》の煮汁《だし》でも宜《よ》う御座《ござ》います。別《べつ》に大根《だいこん》を短冊《たんざく》に切《き》ってザットゆでゝ置《お》きます。鯖《さば》の身《み》を小《ちい》さく切《き》って大根《だいこん》の短冊《たんざく》と共《とも》に煮汁《だし》へ入《い》れて塩《しお》と醤油《しょうゆ》で味《あじ》を附《つ》けて出《だ》しますがその汁《しる》へホンの一滴《てき》の酢《す》を落《おと》すと味《あじ》が良《よ》くなります』

記者『ではお吸物《すいもの》の様《よう》な訳《わけ》ですネ』

夫人『左様《さよう》です、汁《しる》が多《おお》いから先《ま》づお吸物《すいもの》の様《よう》です』

記者『鯖《さば》は西洋料理《せいようりょうり》になりますか？』

夫人『鯖《さば》は西洋料理《せいようりょうり》にすると大層出世《たいそうしゅっせ》するもので上等《じょうとう》の御馳走《ごちそう》に出《だ》せます。それに鯖《さば》は**バター**と好《よ》く合《あ》ひますから**バター**で料理《りょうり》すると大層味《たいそうあじ》が出《で》ます』

記者『手重《ておも》い方《ほう》は面倒《めんどう》ですから願《ねが》ひ下《さ》げに致《いた》して手軽《てがる》い西洋料理《せいようりょうり》を伺《うかが》ひいたいものです』

夫人『極《ごく》く手軽《てがる》いのは鯖《さば》を開《ひら》いて塩《しお》を少《すこ》しふつて火《ひ》の上《うえ》で**バター**を塗《ぬ》りながら焼《や》くのです。これでも大層《たいそう》味《あじ》が宜《よ》う御座《ござ》います』

記者『それならば誰《だれ》にでも出来《でき》ますネ？』

夫人『**テンピ**をお使《つか》ひになれば鯖《さば》を丸《まる》の侭《まま》背中《せなか》へ電光形《いなずまがた》の切目《きりめ》を入《い》れて塩《しお》を振《ふ》つて**バター**を載《の》せて**テンピ**の中《なか》で焼《や》きます。焼《や》く間《あいだ》に幾度《いくたび》も魚《さかな》から出《で》た汁《しる》を匙《さじ》で掬《すく》つて上《うえ》から掛《か》けてよく浸《し》み込《こ》ませると美味《おい》しくなります』

菜漬《なづけ》は如何《いか》にすべきか

記者『追々《おいおい》と美味《おい》しい菜漬《なづけ》が出《で》て参《まい》りますが、私《わたくし》は菜漬《なづけ》が大好《だいす》きで三河島《みかわしま》の上等《じょうとう》でも出《だ》されると三杯《ばい》の御飯《ごはん》も五杯《はい》位《ぐらい》食《た》べる事《こと》があります。ところで今年《ことし》は自宅《じたく》で漬《つ》けやうと思《おも》ひますが菜《な》の漬《つ》け方《かた》は別《べつ》に変《かわ》つた事《こと》がありますか？』

夫人『左様《さよう》です、菜漬《なづけ》と申《もう》しても菜《な》の種類《しゅるい》がいろ〳〵あります。東京辺《とうきょうへん》ならば三河島《みかわしま》が上等《じょうとう》ですし、広島《ひろしま》には平菜《ひらな》と云《い》ふ美味《おい》しい菜《な》がありますし、九州《しゅう》には唐菜《とうな》

その漬《つ》け方《かた》も違《ちが》ひます。国々《くにぐに》によつてそれぞれ違《ちが》ひます。その漬《つ》け方《かた》も

や高菜《たかな》と云《い》ふ菜《な》がありますし、国々《くにぐに》によつてそれぞれ違《ちが》ひます。その漬《つ》け方《かた》も普通《ふつう》の塩漬《しおづけ》がありますし、糠漬《ぬかづけ》がありますし、麹漬《こうじづけ》がありますし、したみ酒《ざけ》を加《くわ》へるのもありますが、何《なん》の漬《つ》け方《かた》にしても菜《な》を洗《あら》つた時《とき》丸《まる》い棒《ぼう》が何《なに》かで茎《くき》を叩《たた》いて漬《つ》けるのが秘伝《ひでん》です。さうすると茎《くき》の中《なか》へも味《あじ》がよく浸《し》みますし、茎《くき》も柔《やわらか》になつて味《あじ》の良《よ》いものです』

記者『食道楽《しょくどうらく》の歌《うた》に「菜《な》の葉《は》をば漬《つ》ける時《とき》には擂木《すりこぎ》で茎《くき》を叩《たた》けば柔《やわらか》くなる」とありましたがその事《こと》で御座《ござ》いますか。普通《ふつう》の菜漬《なづけ》は塩《しお》を撒《ま》いて漬《つ》けて圧石《おしいし》を置《お》く計《ばか》りですが糠漬《ぬかづけ》とは何《ど》う致《いた》します？』

夫人『それは塩《しお》に漬《つ》けて四、五日過《にちす》ぎたところでモー一度《ど》漬《つ》けかへますが今度《こんど》は古《ふる》い糠《ぬか》と塩《しお》を交《ま》ぜて漬《つ》けますと味《あじ》も良《よ》くなりますし長《なが》く持《も》ちます』

記者『古《ふる》い糠《ぬか》とは何《ど》ういふ訳《わけ》です？』

夫人『糠味噌《ぬかみそ》でも沢庵《たくあん》でも或《あるい》は斯《こ》ういふ菜漬《なづけ》でも新《あたら》しい糠《ぬか》を使《つか》ふのは極《ご》くの禁物《きんもつ》で直《じ》きに酸味《すみ》が出《で》て味《あじ》が悪《わる》くなります』

記者『して見《み》ると新《あたら》しい糠《ぬか》は一種《しゅ》の発酵《はっこう》を起《おこ》すので御座《ござ》いませう』

夫人『古糠《ふるぬか》と申《もう》しても混《ま》ぜ物《もの》の無《な》い純粋《じゅんすい》のでなければいけません。この節《せつ》は米屋《こめや》で砂《すな》を交《ま》ぜますから純粋《じゅんすい》の糠《ぬか》が少《すくな》う御座《ござ》います』

記者『菜漬《なづけ》へ**したみ**酒《ざけ》を加《くわ》へるとおつしやいましたがそれは何《ど》う致《いた》します？』

夫人『塩《しお》で漬《つ》ける時《とき》**したみ**酒《ざけ》をふりかけると味《あじ》が良《よ》くなります』

記者『**したみ**酒《ざけ》は何《ど》の位入用《くらいいりよう》でせう？』

夫人『一樽《ひとたる》に一升近《しょうちか》くも要《い》りませう』

記者『麹漬《こうじづけ》は何《ど》う致《いた》します？』

夫人『一旦《たん》塩《しお》に漬《つ》けたのを麹《こうじ》と塩《しお》とで漬《つ》けかへます』

記者『お蔭様《かげさま》で本年《ことし》は美味《おい》しい菜漬《なづけ》が食《た》べられます』

大根《だいこん》は如何《いか》なる効《こう》があるか（十二月記）

記者『日本《にほん》の食品《しょくひん》で外国《がいこく》に誇《ほこ》り得《え》るやうな効能《こうのう》のあるものは何《なん》でせう？』

夫人『左様《さう》ですね、野菜《やさい》ならば先《ま》づ大根《だいこん》で御座《ござ》いませう。近頃《ちかごろ》は西洋《せいよう》でも日本《にほん》の大《だい》根《こん》を珍重《ちんちょう》していろ〳〵な料理《りょうり》に用《もち》ゐるさうです』

記者『大根《だいこん》は何《ど》う云《い》ふ効能《こうのう》がありますか？』

夫人『大根《だいこん》は以前《いぜん》から薬《くすり》になる野菜《やさい》と申《もう》したもので昔《むかし》の一《ひと》つ話《ばなし》に、天竺《てんじく》から日本《にほん》の人《ひと》を殺《ころ》さうと思《おも》つて沢山《たくさん》の毒薬《どくやく》を持《も》つて来《き》て日本《にほん》の人《ひと》に食《た》べさせたが、日本《にほん》の人《ひと》は毎日《まいにち》大根《だいこん》を食《た》べるので、少《すこ》しも其毒《そのどく》がきかなかつたと云《い》ひ伝《つた》へてあります。昔《むかし》でも其位《そのくらい》に大根《だいこん》の功能《こうのう》を知《し》つて居《い》ましたが、近頃《ちかごろ》高名《こうめい》なお医者《いしゃ》が御調《おしら》べなすつた処《ところ》によると生大根《なまだいこん》の汁《しる》は大層《たいそう》よく食物《しょくもつ》を消化《しょうか》させる効能《こうのう》があると伺《うかが》ひました。現《げん》に大根《だいこん》から**ヂヤスターゼ**と云《い》ふ消化薬《しょうかやく》を御製《おせい》しになるお方《かた》もあります』

記者『大根《だいこん》は何《ど》う云《い》ふ風《ふう》に食物《しょくもつ》を消化《しょうか》しませう？』

夫人『私《わたくし》どもは医学上《いがくじょう》のむづかしいことは分《わか》りませんが、手近《てぢか》い例《れい》を挙《あ》げますと**のし**餅《もち》や**かき**餅《もち》を切《き》る時《とき》、包丁《ほうちょう》に餅《もち》のねばりが付《つ》いて幾度《いくたび》も刃《は》を拭《ふ》かなければなりませんけれども、爾《そ》ういふ時《とき》に大根《だいこん》の尻尾《しっぽ》でも側《そば》へ置《お》いて、その包丁《ほうちょう》でざくりと切《き》つて餅《もち》を切《き》り又大根《またたいこん》をざくりと切《き》つて餅《もち》を切ると、決《けっ》して餅《もち》のねばりが包丁《ほうちょう》に付《つ》きません。餅《もち》を切《き》るには大根《だいこん》を側《そば》へ置《お》くのが一番宜《ばんよ》う御座《ござ》います』

記者『成程《なるほど》それは宜《よ》いことを伺《うかが》ひました。私《わたくし》も毎年宅《まいねんたく》で餅切《もちき》りを致《いた》しますが、包丁《ほうちょう》の刃《は》へ餅《もち》の付《つ》くには閉口致《へいこういた》しました。今年《ことし》からは早速大根《さっそくだいこん》を側《そば》へ置《お》くやうに致《いた》しませう。大根《だいこん》には餅《もち》を溶《と》かす力《ちから》があると見《み》えます』

夫人『搗《つ》き立《た》てのお餅《もち》を大根卸《だいこんおろ》しとお醤油《しょうゆ》で**からび**餅《もち》にして食《た》べると幾《いく》つでも頂《いただ》けてお腹《なか》に障《さわ》りませんのはやつぱり大根《だいこん》の効能《こうのう》で御座《ござ》いませう。お餅《もち》を搗《つ》いた臼《うす》や杵《きね》を洗《あら》ふ時《とき》、大根《だいこん》の葉《は》で擦《す》りますと、直《す》ぐに滑《ぬめ》りがとれて奇麗《きれい》になります』

記者『それは調法《ちょうほう》なことを伺《うかが》ひました。此暮《このくれ》には早速試《さっそくこころ》みて見《み》ませう。其外《そのほか》にもまだ大根《だいこん》の消化力《しょうかりょく》を試験《しけん》する工風《くふう》が御座《ござ》いませうか?』

夫人『はい、ございます。章魚《たこ》を軟《やわ》らかに煮《に》る時《とき》にはよく世間《せけん》の人《ひと》は最初《さいしょ》に塩《しお》でもみますけれども、塩《しお》で揉《も》むと却《かえっ》て身《み》がしまつて硬《かた》くなります。それよりも大根《だいこん》で章魚《たこ》を万遍《まんべん》なく丁寧《ていねい》に叩《たた》いて居《い》ると大層軟《たいそうやわ》らかくなります。それを甘煮《うまに》にすると箸《はし》でちぎれます。もう一《ひと》つは鮑《あわび》をふくら煮《に》にする時《とき》も糠《ぬか》でくるんで大根《だいこん》で叩《たた》いて煮《に》ますと大層《たいそう》早《はや》く軟《やわ》らかになります』

記者『成程《なるほど》それも消化《しょうか》の力《ちから》ですね』

夫人『牛肉《ぎゅうにく》の新《あたら》しいのを買《か》ひますと肉《にく》が硬《かた》くつて直《す》ぐ料理《りょうり》になりませんが、それを大根卸《だいこんおろ》しの中《なか》へ三四時間《じかん》も漬《つ》けて置《お》きますと肉《にく》が大層軟《たいそうやわ》らかくなります』

記者『いろ〳〵な効能《こうのう》がありますね、食物《しょくもつ》としては何《ど》ういふ作用《さよう》を致《いた》しませう？』

夫人『大根《だいこん》は大層《たいそう》通《つう》じをよく致《いた》します。お米《こめ》の御飯《ごはん》は秘結《ひけつ》させるものですが、大根《だいこん》の漬物《つけもの》や、沢庵《たくあん》を一緒《しょ》に食《た》べるので丁度《ちょうど》よく調和《ちょうわ》して通《つう》じを付《つ》けるのだと、或《ある》お医者《いしゃ》がお話《はなし》になりました』

記者『して見《み》ると大根《だいこん》の漬物《つけもの》はなか〳〵馬鹿《ばか》になりませんね、ちよいと見《み》ると不消《ふしょう》化物《かぶつ》のやうですが、却《かえ》つてお米《こめ》を消化《しょうか》させると見《み》えます。滋養《じよう》の点《てん》に於《お》いて大《だい》根《こん》は効能《こうのう》がありませうか？』

夫人『はい、なか〳〵滋養分《じようぶん》もありまして大根《だいこん》の身《み》を入《い》れた味噌汁《みそしる》などは老人《ろうじん》にお薬《くすり》だと申《もう》します』

記者『大根《だいこん》は西洋《せいよう》にありませんで日本《にほん》の特産《とくさん》ですから、我国《わがくに》の名物《めいぶつ》として外国《がいこく》に誇《ほこ》るに足《た》りますね』

大根《だいこん》は如何《いか》に料理《りょうり》するか

記者『大根《だいこん》の効能《こうのう》はそれほど大《おお》きなものと伺《うかが》つて見《み》れば、値段《ねだん》は安《やす》いし、何処《どこ》にでもありますし、我々《われわれ》の食卓《しょくたく》に最《もっと》も必要《ひつよう》なものですが、例《れい》に依《よっ》て極《ご》く手軽《てがる》な美味《おい》しいお料理法《りょうりほう》はありますまいか？』

夫人『おほゝゝ御注文《ごちゅうもん》がむづかしいので困《こま》りますね、大根《だいこん》は生《なま》で食《た》べる方《ほう》が効能《こうのう》が多《おお》いと申《もう》しますから先《ま》づ卸《おろ》し和《あ》へのお料理《りょうり》を申上《もうしあ》げませう』

記者『大根卸《だいこんおろ》しがお料理《りょうり》になりませうか？』

夫人『大根卸《だいこんおろ》しではいろ〳〵なものが和《あ》へられます。丁度此節《ちょうどこのせつ》なら蜜柑《みかん》もありますし、柿《かき》もありますから、蜜柑《みかん》と柿《かき》の卸《おろ》し和《あ》へにすると大層結構《たいそうけっこう》です』

記者『蜜柑《みかん》や柿《かき》ならどちらでもありますよ。それは何《ど》ういふ風《ふう》に致《いた》しますか？』

夫人『それは先《ま》づ大根卸《だいこんおろ》しを沢山拵《たくさんこしら》へて置《お》きまして、別《べつ》に蜜柑《みかん》の袋《ふくろ》を取《と》つて身《み》ばかりむしつて置《お》きます。それから**きざ**柿《がき》の甘《あま》いのを細《こまか》く刻《きざ》んで置《お》きます。大根卸《だいこんおろ》しが大匙《おおさじ》四杯《はい》あれば蜜柑《みかん》と柿《かき》とを二杯《はい》づつ混《ま》ぜます。そこへ酢《す》を二杯《はい》に味噌《みそ》一杯醤油半杯《ぱいしょうゆはんはい》の割《わり》で加《くわ》へてよく和《あ》へますとなか〳〵美味《おい》しく食《た》べられます』

記者『それは結構《けっこう》でございませう。しかし蜜柑《みかん》は追々《おいおい》とこれから出《で》て参《まい》りますが、**きざ**柿《がき》の方《ほう》は少々末《しょうしょうすえ》になりました』

夫人『**きざ**柿《がき》の代《かわ》りに**ころ**柿《がき》を御混《おま》ぜになれば尚味《なおあじ》が宜《よ》うございます。**ころ**柿《がき》は甲州《こうしゅう》のものも結構《けっこう》ですが、広島《ひろしま》の西條《さいじょう》や祇園坊《ぎおんぼう》ですとそれはそれは美味《おい》しうございます』

記者『まだ外《ほか》にそんなお料理《りょうり》がありますか？』

夫人『大根《だいこん》の梅干和《うめぼしあ》へと云《い》ふのがございます。それは先《ま》づ大根《だいこん》を短冊《たんざく》に切《き》つて強《つよ》い塩水《しおみず》へ一時間《じかん》ばかり漬《つ》けて置《お》いても宜《よ》うございますし、急《いそ》ぐ時《とき》には塩《しお》で揉《も》んで固《かた》く絞《しぼ》つても宜《よ》うございます』

記者『塩水《しおみず》に漬《つ》けた方《ほう》もやつぱり絞《しぼ》りますか？』

夫人『はい、それも使《つか》ふ時《とき》には絞《しぼ》ります。それから別《べつ》に梅干《うめぼし》を裏漉《うらごし》にして味淋《みりん》と砂《さ》糖《とう》を混《ま》ぜて、美味《おい》しい梅《うめ》**びしほ**の様《よう》なものを拵《こしら》へまして今《いま》の大根《だいこん》を和《あ》へます』

記者『私《わたくし》どもではいつでも漬物屋《つけものや》から梅《うめ》**びしほ**の上等《じょうとう》を買《か》つて置《お》いて御飯《ごはん》の時《とき》に食《た》べますが、それを使《つか》つても宜《よ》うございませうか？』

夫人『出来《でき》た梅《うめ》**びしほ**があれば尚更結構《なおさらけっこう》ですからそれで和《あ》へると宜《よ》うございます』

記者『極《ご》く手軽《てがる》に出来《でき》ますね、その中《なか》へ外《ほか》のものを加《くわ》へても宜《よ》うございませうか？』

夫人『此節《このせつ》なら比目魚《ひらめ》とか、鯛《たい》とか、白《しろ》い身《み》の魚《さかな》を小《ちい》さく切《き》つて、さつと酢《す》でゆすいで加《くわ》へると尚結構《なおけっこう》です』

記者『お正月《しょうがつ》のお料理《りょうり》に斯《こ》ういふものを拵《こしら》へて置《お》いてお雑煮《ぞうに》の後《あと》へでも出《だ》しますと大層洒落《たいそうしゃれ》て居《お》りますね』

夫人『左様《さよう》です。大根卸《だいこんおろ》しでお雑煮《ぞうに》の餅《もち》を消化《しょうか》しますからお身体《からだ》のためにもなりま

す』

大根《だいこん》は如何《いか》に煮《に》るか

記者『大根《だいこん》を美味《おい》しく煮《に》ると結構《けっこう》なものですが、あれはなか〳〵急《きゅう》に軟《やわ》らかくゆだりません。ゆでる時《とき》早《はや》く軟《やわ》らかくする工風《くふう》がございませうか？』

夫人『左様《さよう》です、大根《だいこん》をゆでる時《とき》、お湯《ゆ》がぐら〳〵と沸《わ》き立《た》つたら塩《しお》を少《すこ》し加《くわ》へますと早《はや》く軟《やわ》らかくなります』

記者『妙《みょう》ですね、お湯《ゆ》が沸《わ》き立《た》つた時《とき》に塩《しお》を入《い》れるのに限《かぎ》りますか、最初《さいしょ》から水《みず》の中《なか》へ塩《しお》を入《い》れて置《お》いてはいけませんか？』

夫人『最初《さいしょ》から塩《しお》を入《い》れると却《かえっ》て大根《だいこん》がしまる気味《きみ》があります。お湯《ゆ》が煮《に》え立《た》つて大根《だいこん》が一旦《たん》ふくらんだ処《ところ》へ塩《しお》を入《い》れるので軟《やわ》らかくなるのです』

記者『大根《だいこん》によつては煮《に》ても苦《にが》いのがありますネ？』

夫人『それはゆでる時《とき》お米《こめ》を十粒計《つぶばか》り糠《ぬか》のついたまゝ入《い》れると苦《にが》みが抜《ぬ》けます』

記者『煮《に》大根《だいこん》といつても大根《だいこん》によつて味《あじ》が違《ちが》ふでございませうね？』

夫人『はい、いろ〳〵違《ちが》ひます。一番《ばん》味《あじ》のよいのは京都《きょうと》の正護《しょうご》院《いん》大根《だいこん》か、尾張《おわり》の方《ほう》領《りょう》大根《だいこん》か、宮重《みやしげ》大根《だいこん》でせう』

記者『薩摩《さつま》の桜島《さくらじま》大根《だいこん》はいかがです？』

夫人『あれもなか〳〵結構《けっこう》ですがきめが少《すこ》し荒《あら》くつて味《あじ》は幾分《いくぶん》か劣《おと》ります。その代《かわ》り桜島《さくらじま》大根《だいこん》は此辺《このへん》で種《たね》を植《う》ゑましても大層《たいそう》大《おお》きいのが出来《でき》まして、昨年《さくねん》などは私《わたくし》どもの畑《はたけ》に直径《ちょっけい》一尺余《しゃくよ》周囲《しゅうい》三尺《じゃく》六寸《すん》ばかりのが出来《でき》ました。近傍《きんぼう》から其大《そのだい》根《こん》を見《み》に来《き》た位《くらい》で相模《さがみ》第《だい》一だと云《い》ふ評判《ひょうばん》を取《と》りました』

記者『併《しか》しそんなのを鹿児島《かごしま》へ持《も》つて行《い》くと孫《まご》の孫《まご》のやうなもので、桜島《さくらじま》の本場《ほんば》では周囲《しゅうい》五尺位《しゃくぐらい》なものが沢山《たくさん》あります』

夫人『左様《さよう》ださうですね、よく彼地《あちら》では馬《うま》に二本《ほん》つけるといふお話《はなし》がありますが、その位《くらい》なのがあるかも知《し》れません。輪切《わぎり》にして煮《に》るのには鍋《なべ》に困《こま》るでせうね』

記者『百人前《にんまえ》の飯《めし》を炊《た》く大釜《おおがま》でなければ輪切《わぎり》の大根《だいこん》は煮《に》えません』

夫人『鹿児島《かごしま》ではそれが一番《ばん》の煮大根《にだいこん》でせうか？』

記者『いゝえ、彼地《あちら》でも桜島《さくらじま》の大根《だいこん》は大きい《おお》のを貴《たっと》ぶので煮大根《にだいこん》の味《あじ》のよいのは国《こく》分大根《ぶだいこん》です』

夫人『国分大根《こくぶだいこん》とはどんな形《かたち》ですか？』

記者『長《なが》さは二尺位《しゃくぐらい》ですが大《おお》きさは**コップ**位《くらい》なものです。色《いろ》が白《しろ》くつて極奇麗《ごくきれい》で味《あじ》も宜《よ》うございますから、国分《こくぶ》の大根船《だいこんふね》が鹿児島《かごしま》の港《みなと》へつくと、市中《しちゅう》の人《ひと》が大騒《おおさわ》ぎやつて買《か》ひに出《で》る位《くらい》です』

夫人『国分《こくぶ》とは鹿児島《かごしま》から離《はな》れて居《お》りますか？』

記者『鹿児島《かごしま》から九里程《りほど》離《はな》れて居《お》ります』

夫人『貴方《あなた》は大層彼《たいそうあ》の辺《へん》の事《こと》がお委《くわ》しうございますね』

記者頭《きしゃあたま》を掻《か》きながら、

記者『私《わたくし》の郷里《きょうり》は国分《こくぶ》でございます』

夫人『おやさうですか、少《すこ》しも存《ぞん》じませんでした。それでは国分大根《こくぶだいこん》のお話《はなし》もお国《くに》自慢《じまん》が交《ま》じつては居《い》ませんか？』

記者『いえどう致《いた》しまして、国分大根《こくぶだいこん》の味《あじ》は正直掛値《しょうじきかけね》なしでございます』

夫人『遠方《えんぽう》の土地《とち》へ参《まい》りますと世間《せけん》の人《ひと》の知《し》らない名物《めいぶつ》があるもので、信州松本《しんしゅうまつもと》の放光寺大根《ほうこうじだいこん》と申《もう》すのは形《かたち》こそ小《ち》さうございますけれども、味《あじ》は日本《にほん》一だと誇《ほこ》つて居《お》りますので、昨年私《さくねんわたくし》どもへ送《おく》つてくれた人《ひと》がございます。少《すこ》しふるくなつて居《お》りましたが、煮《に》て見《み》ますと大根《だいこん》に甘味《あまみ》があつて大層結構《たいそうけっこう》でございました』

記者『ところで大根《だいこん》はゆでて軟《やわ》らかくなつたのを鰹節《かつぶし》の**だし**で煮《に》るよりも外《ほか》の**だし**で煮《に》る方《ほう》が美味《おい》しうございませうか？』

夫人『鶏《とり》の**スープ**か、牛《ぎゅう》の**スープ**でお煮《に》になると大層味《たいそうあじ》がよくなります。煮《に》た大根《だいこん》の上《うえ》に鶏《とり》か牛《ぎゅう》の**ソボロ**をかけるとなかなかの御馳走《ごちそう》です。経済法《けいざいほう》にすれば鶏《とり》の足《あし》と一緒《しょ》に大根《だいこん》を煮《に》ると味《あじ》が宜《よ》う御座《ござ》います』

記者『**ソボロ**の拵《こしら》へ方《かた》は先日伺《せんじつうかが》ひまして大層上手《たいそうじょうず》になりましたから大根《だいこん》の**ソボロかけ**を拵《こしら》へて見《み》ませう』

豚《ぶた》は如何《いか》に料理《りょうり》するか

夫人『貴方《あなた》は鹿児島《かごしま》でいらつしやるなら、豚《ぶた》の名所《めいしょ》ですから定《さだ》めし豚《ぶた》のお料理《りょうり》にお委《くわ》しいでせう。どうぞ今度《こんど》はちと貴方《あなた》の方《ほう》から豚料理《ぶたりょうり》のお話《はなし》を伺《うかが》ひたいものです』

記者『それはちと見当違《けんとうちが》ひですね、鹿児島《かごしま》では年中豚《ねんじゅうぶた》を食《た》べますが、料理《りょうり》の方《ほう》はまだ左程《さほど》に進歩《しんぽ》して居《お》りません。普通《ふつう》に致《いた》しますと東京《とうきょう》で申《もう》す薩摩汁《さつまじる》即《すなわ》ち彼地《あちら》の豚汁位《ぶたじるくらい》なものです』

夫人『それは何《ど》う致《いた》します？』

記者『味噌汁《みそしる》の中《なか》へ豚《ぶた》の刻《きざ》んだのと大根《だいこん》の刻《きざ》んだのと外《ほか》に豆腐《とうふ》、蒟蒻《こんにゃく》、人参《にんじん》、牛蒡《ごぼう》などを入《い》れたものです』

夫人『お味噌《みそ》は擂《す》つて入《い》れますか？』

記者『いゝえ粒《つぶ》の侭《まま》入《い》れます。丁寧《ていねい》にするとよくお味噌《みそ》を叩《たた》いて入《い》れます』

夫人『豚《ぶた》のお料理《りょうり》では何《なに》が一番《ばん》美味《おい》しうございます？』

記者『豚《ぶた》の料理《りょうり》はいろ〳〵ありますがその中《うち》一番《ばん》美味《おい》しいのは、少々蛮風《しょうしょうばんぷう》の気味《きみ》がありますから東京辺《とうきょうへん》の人《ひと》は迚《とて》も御存《ごぞん》じありますまいが、豚骨料理《とんこつりょうり》といつて豚《ぶた》の肋《あばら》の骨《ほね》を煮《に》たのが実《じつ》にわれ〳〵書生仲間《しょせいなかま》の珍味《ちんみ》でありました』

夫人『おや〳〵豚《ぶた》の骨《ほね》を召上《めしあが》りますか？』

記者『いゝえ、まさか鹿児島《かごしま》だつて豚《ぶた》の骨《ほね》を食《た》べる訳《わけ》ではありません。豚《ぶた》の肋《あばら》の処《ところ》について居《い》る肉《にく》が大層味《たいそうあじ》のいゝものです。鹿児島《かごしま》では折々豚骨会《おりおりとんこつかい》といつて大勢《おおぜい》が打寄《うちよ》つて此豚骨料理《このとんこつりょうり》を食《た》べるのが何《なに》より楽《たのし》みです』

夫人『その豚骨料理《とんこつりょうり》は何《ど》う致《いた》します？』

記者『先《ま》づ豚《ぶた》の肋《あばら》の肉《にく》をザッと切《き》り取《と》ると骨《ほね》の囲《まわ》りに肉《にく》が少《すこ》し残《のこ》ります。その肉《にく》のついた骨《ほね》をブツブツに切《き》つて、水《みず》と大根《だいこん》と共《とも》に鍋《なべ》へ入《い》れます。それに大根《だいこん》の刻《きざ》んだのを加《くわ》へて一時間以上《じかんいじょう》ゆでた処《ところ》へ、味噌《みそ》を加《くわ》へて味《あじ》をつけます。そしてそれをぶつぶつ永《なが》く煮《に》るのが学生仲間《がくせいなかま》の料理法《りょうりほう》です』

夫人『これは大層《たいそう》よい事《こと》を伺《うかが》ひました。魚《さかな》では何《なん》でも骨《ほね》つきの肉《にく》は味《あじ》のあるものですが、豚《ぶた》の骨《ほね》の肉《にく》はまだ一度《ど》も試《こころ》みたことがありません』

豚《ぶた》の刺身《さしみ》は如何《いか》にするか

記者『御宅《おたく》ではどんな豚料理《ぶたりょうり》をお拵《こしら》へになりますか?』

夫人『はい、いろ〱日本料理《にほんりょうり》にも西洋料理《せいようりょうり》にも致《いた》しますが、寒《さむ》くなりますと極《ごく》手軽《てがる》で且《か》つ調法《ちょうほう》な豚《ぶた》の刺身《さしみ》といふものを拵《こしら》へて置《お》いて、二日《ふつか》も三日《みっか》も総菜《そうざい》に使《つか》ひます』

記者『豚《ぶた》のお刺身《さしみ》はどんな御料理《おりょうり》ですか?』

夫人『それは豚《ぶた》の三枚肉《まいにく》とも七段肉《だんにく》とも申《もう》しまして、赤《あか》い身《み》と白《しろ》い身《み》が段々《だんだん》になつて居《い》るやうな肋《あばら》の肉《にく》の上等《じょうとう》を使《つか》ひますが、二斤《きん》なり、三斤《きん》なり、丸《まる》のまゝ深《ふか》い鍋《なべ》へ入《い》れます。鍋《なべ》には水《みず》を沢山《たくさん》入《い》れて塩《しお》をほんの少《すこ》し加《くわ》へてその水《みず》で今《いま》の豚《ぶた》を二時間《じかん》以上《いじょう》ゆでます。よくゆだつたか、ゆだらないかと云《い》ふことを見《み》るには、肉《にく》の真中《まんなか》へ杉箸《すぎばし》をさして見《み》て楽《らく》に通《とお》ればそれで宜《よ》いのです。肉《にく》がゆだつたら熱《あつ》いうちに生醤油《きじょうゆ》の中《なか》へ一晩《ひとばん》漬《つ》けて置《お》いて、翌日《よくじつ》食《た》べる時《とき》には端《はし》の方《ほう》から薄《うす》く刺《さし》身《み》の様《よう》に切《き》つて出《だ》します。それへ溶《と》き辛子《からし》を添《そ》へて出《だ》すと尚結構《なおけっこう》です』

記者『爾《そ》うして置《お》けば其翌日《そのよくじつ》も、亦《また》その翌々日《よくよくじつ》も、毎日《まいにち》食《た》べられて手《て》の無《な》い人《ひと》には極調法《ごくちょうほう》ですね』

夫人『大勢《おおぜい》の奉公人《ほうこうじん》を使《つか》ふやうな家《うち》では此豚《このぶた》の刺身《さしみ》を拵《こしら》へて置《お》くと手数《てすう》もかゝりませんし、味《あじ》もよいので奉公人《ほうこうじん》が大層喜《たいそうよろこ》ぶさうです』

記者『これは至極手軽《しごくてがる》な拵《こしら》へ方《かた》ですが、もつと上等《じょうとう》にする法《ほう》も御座《ござ》いませうか？』

夫人『上等《じょうとう》にしますと最初《さいしょ》の一日《にち》はゆでた湯《ゆ》の中《なか》へつけて置《お》いて、翌日《よくじつ》になつて醤《しょう》油《ゆ》へつけかへます。さうすると一層味《いっそうあじ》が美味《おい》しくなります』

記者『それも別《べつ》に手数《てすう》はかゝりません、併《しか》し寒《さむ》い時《とき》でなければ出来《でき》ませんね？』

夫人『勿論寒《もちろんさむ》い時《とき》の御料理《おりょうり》です。もつと美味《おい》しくして食《た》べるには一晩醤油《ひとばんしょうゆ》につけた今《いま》の豚《ぶた》を**てんぴ**の中《なか》で三十分《ぷん》ばかり焼《や》いて**ロース**にして薄《うす》く切《き》りますとなほ結構《けっこう》です』

記者『てんぴも建立致《こんりゅういた》しましたから早速拵《さっそくこしら》へて見《み》ませう。豚《ぶた》のお刺身《さしみ》は私《わたくし》どもの弁《べん》当《とう》の菜《さい》に最《もっと》も妙《みょう》です。一度《ど》拵《こしら》へて置《お》けば二三日《にち》は使《つか》へますから、細君大助《さいくんおおたす》かりで嘸喜《さぞよろこ》びませう』

豚《ぶた》の角煮《かくに》は如何《いか》にするか

記者『豚《ぶた》のお料理《りょうり》法《ほう》をもう一《ひと》つ位伺《ぐらいうかが》ひたいものです』

夫人『では極手軽《ごくてがる》な角煮《かくに》をお話致《はなしいた》しませう。これは勿論《もちろん》本式《ほんしき》のではありませんけれども、略式《りゃくしき》の角煮《かくに》を拵《こしら》へるのには今《いま》の様《よう》に二時間《じかん》余《よ》もゆでた豚《ぶた》を一寸《すん》四角《かく》に切《き》つて味淋《みりん》一杯《ぱい》と、醤油《しょうゆ》一杯《ぱい》と、水《みず》三杯《ばい》とで二時間《じかん》の余《よ》も煮詰《につ》めたものです』

記者『それも造作《ぞうさ》はありませんね？』

夫人『斯《こ》うすれば手軽《てがる》に出来《でき》ますけれども、本式《ほんしき》にすると皮《かわ》つきの侭大《ままおお》きな肉《にく》をゆでて酒《さけ》と色付油《いろつけあぶら》と云《い》ふものとで極軟《ごくやわ》らかに箸《はし》でちぎつて食《た》べる程《ほど》にしなければなりません』

記者『それはなか〳〵面倒《めんどう》ですから又此次《またこのつ》ぎに伺《うかが》ひませう。併《しか》し東京《とうきょう》の豚《ぶた》はどうも品質《ひんしつ》が悪《わる》くて又国自慢《またくにじまん》を申《もう》すやうですが鹿児島辺《かごしまへん》の豚《ぶた》のやうに参《まい》りませんね』

夫人『それは仰《おっ》しやる通《とお》りです。迂《う》つかり東京辺《とうきょうへん》で豚《ぶた》の三枚肉《まいにく》を買《か》ひましてもゆでた時《とき》、白《しろ》い身《み》が溶《と》けて湯《ゆ》が濁《にご》るやうになります。そんな肉《にく》はとんと味《あじ》がありません。豚《ぶた》の肉《にく》は何程《なにほど》ゆでても白身《しろみ》が溶《と》けないで水《みず》が澄《す》んで居《い》なければいけません』

記者『鹿児島《かごしま》の豚《ぶた》は白身《しろみ》の溶《と》けるやうなのはありません』

夫人『東京辺《とうきょうへん》でも此相模《このさがみ》にはなか〳〵よい豚《ぶた》がありますし、又千葉県《またちばけん》から上等《じょうとう》の豚《ぶた》が東京《とうきょう》へ参《まい》ります』

記者『概《がい》して豚《ぶた》は関東《かんとう》より九州《きゅうしゅう》の方《ほう》が上等《じょうとう》のやうです。琉球《りゅうきゅう》の豚《ぶた》は一層味《そうあじ》が宜《よ》うございます』

夫人『先年琉球《せんねんりゅうきゅう》から縄《なわ》でぐる〳〵巻《ま》いた塩漬《しおづけ》の豚《ぶた》を送《おく》つてくれた人《ひと》がありましたが、

実《じつ》に品質《ひんしつ》がようございます』

記者『琉球《りゅうきゅう》の縄巻《なわま》きの豚《ぶた》は格別《かくべつ》です。私《わたくし》どもはよく豚《ぶた》を食《た》べますが、余《あま》り沢山《たくさん》豚《ぶた》を食《た》べ過《す》ぎてお腹《なか》の張《は》つたやうな時《とき》には随分《ずいぶん》困《こま》ることがあります。さう云《い》ふ時《とき》何《なに》かよい工風《くふう》はありませんか？』

夫人『豚《ぶた》に限《かぎ》らず、さういふあくどいものを召上《めしあが》つてお腹《なか》が張《は》つた時《とき》には、道三《どうさん》の焦湯《こげゆ》と云《い》つて御飯《ごはん》を炊《た》いた時《とき》、お釜《かま》の底《そこ》の焦《こ》げた処《ところ》を湯《ゆ》で煮《に》て少《すこ》し塩《しお》を加《くわ》へて其湯《そのゆ》をお飲《の》みになれば宜《よ》うございます』

記者『妙《みょう》なもので御座《ござ》いますね、道三《どうさん》の湯《ゆ》とはどう云《い》ふ訳《わけ》です？』

夫人『それは昔《むかし》し道三《どうさん》と云《い》ふ名医《めいい》がありまして、或時《あるとき》二階《かい》から往来《おうらい》を眺《なが》めて居《い》ますと若《わか》い男《おとこ》が鼻歌《はなうた》を謡《うた》つて通《とお》りました。道三《どうさん》は万事《ばんじ》に注意《ちゅうい》する人《ひと》ですから、其声《そのこえ》を聞《き》いてハテナ彼《あ》の若者《わかもの》の声《こえ》は大層《たいそう》濁《にご》つて居《い》る、必《かなら》ず悪食《あくじき》して腹中《ふくちゅう》を損《そん》じたのだらうと家《うち》の中《なか》の人《ひと》に話《はな》しました。すると昔《むかし》の一時《とき》即《すなわ》ち今《いま》の二時間《じかん》ばかり過《す》ぎて今《いま》の男《おとこ》が又《また》鼻《はな》を謡《うた》つて前《まえ》を通《とお》りましたが、道三《どうさん》は其声《そのこえ》を聞《き》くと忽《たちま》ち表《おもて》へ飛《と》び出《だ》して若者《わかもの》の袖《そで》を捉《とら》へたさうです』

記者『それから何《ど》う致《いた》しました？』

夫人『若者《わかもの》は驚《おどろ》いて道三《どうさん》の顔《かお》を見《み》て居《お》りましたが、道三《どうさん》は「おまへ今何《いまなに》か食《た》べて来《き》はしないか、実《じつ》はさつきおまへが通《とお》つた時《とき》、病人《びょうにん》らしい声《こえ》を出《だ》して居《い》たが、今《いま》聞《き》けば大層声《たいそうこえ》が澄《す》んで気分《きぶん》もよさゝうになつて居《い》る、何《なに》を食《た》べて来《き》たか、教《おし》へて呉《く》れろ」と尋《たず》ねました』

記者『そして？』

夫人『若者《わかもの》は恐《おそ》る恐《きょう》る「ナーニ変《かわ》つた物《もの》を食《た》べた訳《わけ》ではありません。友達《ともだち》の処《ところ》へ行《い》つて何《なに》か食《た》べさせろと云《い》ひましたけれども飯《めし》を食《く》つた後《あと》で何《なん》にもありませんから、お釜《かま》の中《なか》を探《さが》して焦《こ》げた飯《めし》へ湯《ゆ》をぶつかけて一杯《ぱい》かつ込《こ》みました」と答《こた》へたさうです。そこで道三《どうさん》は御飯《ごはん》のお焦《こ》げを湯《ゆ》で煮《に》て食《た》べれば胃中《いちゅう》を洗《あら》ひ流《なが》すと云《い》ふことを悟《さと》つて、それから諸人《しょにん》に焦《こ》げ湯《ゆ》を勧《すす》めた為《た》め、俗《ぞく》に道三《どうさん》の焦《こ》げ湯《ゆ》と云《い》ひ伝《つた》へてあるのださうです』

記者『成程《なるほど》さう伺《うかが》つて見《み》れば焦湯《こげゆ》の効能《こうのう》も大《おお》きなものです。豚《ぶた》のやうな脂肪《しぼう》のものを食《た》べて、胃中《いちゅう》に停滞《ていたい》して居《い》る時《とき》、焦湯《こげゆ》でさらさらと胃中《いちゅう》を洗《あら》ひ流《なが》すのは必《かなら》ずよいに違《ちが》ひありません』

夫人『近頃《ちかごろ》の人《ひと》は牛乳《ぎゅうにゅう》だの牛肉《ぎゅうにく》だの何《なん》でも重《おも》いものばかり食《た》べますから、折々《おりおり》は焦《こげ》湯《ゆ》だの、番茶《ばんちゃ》の茶漬《ちゃづけ》だのと云《い》ふ様《よう》なサラサラした物《もの》を食《た》べた方《ほう》が宜《よ》うございます。西洋人《せいようじん》も夏《なつ》になると消炭《けしずみ》で拵《こしら》へた炭《すみ》**ビスケ**と云《い》ふお菓子《かし》を食《た》べる位《くらい》です』

記者『炭《すみ》がお菓子《かし》になりますか？』

夫人『はい折々《おりおり》宅《たく》でも炭《すみ》**ビスケ**を拵《こしら》へます。併《しか》し炭《すみ》は沢山《たくさん》食《た》べると秘結《ひけつ》していけませんから、その用《もち》ゐ方《かた》はなか〳〵工合《ぐあい》ものです』

記者『では夏《なつ》になつたらその製法《せいほう》を伺《うかが》ひませう』

沢庵《たくあん》は如何《いか》に漬《つ》けるべきか

記者『先月《せんげつ》は菜漬《なづけ》の漬方《つけかた》を伺《うかが》つて大層利益《たいそうりえき》を得《え》ましたが、今月《こんげつ》は沢庵《たくあん》の漬方《つけかた》を伺《うかが》ひ度《た》いものです。全体《ぜんたい》沢庵《たくあん》は何処《どこ》のが一番《ばん》美味《おい》しう御座《ござ》いませう』

夫人『沢庵《たくあん》は尾張《おわり》の御器所《ごきしょ》のが名物《めいぶつ》だけあつて、全国第一《ぜんこくだい》のやうでございます。御《ご》器所《きしょ》のは大根《だいこん》が細《ほそ》くしまつて甘味《うまみ》もあります。尤《もっと》も熱海《あたみ》の沢庵《たくあん》も、亦《また》相模辺《さがみへん》の沢庵《たくあん》も、大根《だいこん》の性《たち》が御器所《ごきしょ》のに似《に》て居《お》りますから味《あじ》は結構《けっこう》ですけれども、御器《ごき》所《しょ》では大根《だいこん》の干《ほ》し方《かた》から吟味《ぎんみ》するだけあつて沢庵《たくあん》の味《あじ》が格別《かくべつ》です』

記者『沢庵《たくあん》を漬《つ》けるには大根《だいこん》の干《ほ》し方《かた》から吟味《ぎんみ》しなければなりませんか？』

夫人『左様《さよう》です。東京辺《とうきょうへん》では沢庵大根《たくあんだいこん》を掘《ほ》つて、其侭《そのまま》土《つち》の上《うえ》へ一日程《にちほど》も置《お》いて、翌《よく》日日《じつひ》に干《ほ》したりするやうなことがありますけれども、あんな干方《ほしかた》をしては美味《おい》しい大根《だいこん》も味《あじ》が抜《ぬ》けて仕舞《しま》ひます』

記者『では何《ど》ういふ風《ふう》に干《ほ》しますか？』

夫人『御器所辺《ごきしょへん》の話《はなし》を聞《き》きますと沢庵《たくあん》にする大根《だいこん》は土《つち》から掘《ほ》り出《だ》すと直《す》ぐに木《き》へかけて干《ほ》さなければなりません。土《つち》の上《うえ》へ一時間《じかん》でも二時間《じかん》でも置《お》けばそれだけ甘味《うまみ》が抜《ぬ》けると申《もう》すさうです』

記者『それではなか〳〵大事《おおごと》ですね』

夫人『ですから彼《あ》の辺《へん》では大根掘《だいこんほり》と云《い》ふと、近所《きんじょ》から大勢手伝《おおぜいてつだい》に来《き》て一人《ひとり》が掘《ほ》ると一人《ひとり》が木《き》へかけるという風《ふう》にするさうです。それですから順番《じゅんばん》に今日《きょう》は何処《どこ》の大根掘《だいこんほり》、明日《あす》は何処《どこ》の大根掘《だいこんほり》といふやうに押廻《おしまわ》すと云《い》ふことです』

記者『その位《くらい》に吟味《ぎんみ》して干《ほ》した大根《だいこん》なら定《さだ》めし味《あじ》も宜《よ》いでせう。さうして漬《つ》ける時《とき》には何《なに》か特別《とくべつ》の法《ほう》がありますか？』

夫人『はい、あります。沢庵《たくあん》を漬《つ》ける時《とき》には大豆《だいず》を炒《い》つて臼《うす》でざつと碾《ひ》いて置《お》きます。それを一樽《ひとたる》に五合位《ごうぐらい》の割《わり》で糠《ぬか》と混《ま》ぜて漬《つ》けると沢庵《たくあん》に美味《おい》しい味《あじ》がつきます』

記者『普通《ふつう》の沢庵《たくあん》で甘塩《あまじお》ならば糠《ぬか》七升《しょう》に三升位《しょうぐらい》ですが其糠《そのぬか》の中《なか》へ大豆《だいず》の粉《こ》を混《ま》ぜるのですか？』

夫人『左様《さよう》です、糠《ぬか》を六升《しょう》五合《ごう》にして、大豆《だいず》の粉《こ》を五合加《ごうくわ》へれば宜《よ》うございます。それより塩《しお》をからくして四升《しょう》にしたら、糠《ぬか》を五升《しょう》五合《ごう》と大豆《だいず》の粉《こ》を五合入《ごうい》れます。塩《しお》五升《しょう》に糠《ぬか》五升《しょう》と半々《はんはん》にする時《とき》なら糠《ぬか》を四升《しょう》五合《ごう》にして大豆《だいず》を五合《ごう》加《くわ》へますが糠《ぬか》は必《かな》らず古《ふる》いのに限《かぎ》ります』

記者『大豆《だいず》を臼《うす》で碾《ひ》くは面倒《めんどう》ですが**キナ**粉《こ》を買《か》つて入《い》れても同《おな》じ事《こと》でせうか？』

夫人『上等《じょうとう》の**キナ**粉《こ》なら宜《よ》う御座《ござ》いますけれども大抵《たいてい》は糠《ぬか》を混《ま》ぜてありますから少《すこ》し余計《よけい》に入《い》れなければいけません』

記者『沢庵《たくあん》を漬《つ》ける樽《たる》はどう云《い》ふのが宜《よ》いでせう？』

夫人『酒樽《さかだる》の抜《ぬ》きたてに限《かぎ》ります。もしや古《ふる》い樽《たる》をお使《つか》ひなら、沢庵《たくあん》を漬《つ》ける時《とき》一《ひと》側《かわ》づつに**したみ**酒《ざけ》をぱらぱらと振《ふ》りますと味《あじ》がよくなります』

記者『一樽《ひとたる》に何《ど》の位《くらい》**したみ**酒《ざけ》が要《い》ります？』

夫人『先《ま》づ一升《しょう》以《い》内《ない》ですね』

記者『私《わたくし》どもは大根《だいこん》の干《ほ》し方《かた》からして吟味《ぎんみ》する訳《わけ》には参《まい》りませんが、**キナ**粉《こ》や、**したみ**酒《ざけ》は早速《さっそく》試《こころ》みませう』

夫人『まあ兎《と》も角《かく》も試《た》めして御覧《ごらん》なさい』

記者『いろ〳〵なお料理《りょうり》法《ほう》を伺《うかが》ひまして難有《ありがと》うございます。来月《らいげつ》はお正月《しょうがつ》の御馳走《ごちそう》を願《ねが》ひ度《た》いもので』

夫人『お正月《しょうがつ》は色々《いろいろ》な珍料理《ちんりょうり》を沢山《たくさん》お話《はな》し申《もう》しませう』

餅《もち》の食《た》べ過《す》ぎは如何《いか》に治《ち》するか（一月記）

記者『まづ明《あ》けましてお目出度《めでと》うございます。時《とき》に奥《おく》さんいきなりお顔《かお》を見《み》て斯《こ》んな事《こと》を申《もう》すと「食道楽《しょくどうらく》」の大原満《おおはらみつる》じみて居《お》りますが、私《わたくし》は今朝《けさ》雑煮《ぞうに》の餅《もち》を沢山《たくさん》食《た》べ過《す》ぎてまだお腹《なか》が大鼓《たいこ》の様《よう》に張《は》つて居《お》ります。何《なん》とかしてお腹《なか》をすかせる工風《くふう》はありますまいか』

と、懇望《こんぼう》せしに夫人《ふじん》は台所《だいどころ》に命《めい》じて林檎《りんご》の卸《おろ》し和《あ》へをつくらしめたり。珍味《ちんみ》忽《たちま》ち前《まえ》に来《きた》る。記者《きしゃ》之《これ》を試《こころ》みるに爽然《そうぜん》として腹中《ふくちゅう》の凝塊《ぎょうかい》消磨《しょうま》し去《さ》るを覚《おぼ》ゆ。

記者『これは実《じつ》に妙《みょう》ですね、さしもの餅腹《もちはら》が忽《たちま》ち減《へ》つて胸《むね》がすきました』

夫人『お餅《もち》を召上《めしあが》つてお腹《なか》の張《は》つた時《とき》は大根卸《だいこんおろ》しで消化《しょうか》させるに限《かぎ》ります』

記者『ところが大根卸《だいこんおろ》しばかりでは味《あじ》が悪《わる》うございますけれども林檎《りんご》の美味《おい》しい味《あじ》が籠《こも》るので思《おも》はず沢山《たくさん》戴《いただ》きました。此林檎和《このりんごあ》へはどうしてお拵《こしら》へになりますか？』

夫人『先《ま》づ大根卸《だいこんおろ》しを拵《こしら》へまして、別《べつ》に林檎《りんご》の皮《かわ》を剝《む》いて山葵卸《わさびおろ》しですり卸《おろ》します。それを双方《そうほう》とも等分《とうぶん》に交《ま》ぜます。酢《す》と塩《しお》とをよい加減《かげん》に合《あわ》せて置《お》いて、その上《うえ》からかけたのがこの林檎和《りんごあ》へです。もしも甘口《あまくち》をお好《この》みなら少《すこ》し砂糖《さとう》をお加《くわ》へになつても宜《よ》うございます』

記者『大根《だいこん》は不思議《ふしぎ》に餅《もち》を消化《しょうか》する力《ちから》がございますね。先月《せんげつ》のお話《はなし》を伺《うかが》ひましてから餅《もち》を切《き》る時《とき》大根《だいこん》の尻尾《しっぽ》を側《そば》へ置《お》いて包丁《ほうちょう》でザクリと切《き》つてそれから餅《もち》を切《き》りましたから少《すこ》しも包丁《ほうちょう》がねばりませんで大層便利《たいそうべんり》を得《え》ました。餅《もち》を搗《つ》いた臼《うす》も杵《きね》もお話《はなし》の通《とお》り大根《だいこん》の葉《は》で洗《あら》ひましたら直《す》ぐ奇麗《きれい》になりました』

夫人『大根《だいこん》はその位《くらい》に効能《こうのう》がありますからお雑煮《ぞうに》の中《なか》へ必《かなら》ず大根《だいこん》を刻《きざ》んで一旦《たん》ゆでて入《い》れるものです』

餅《もち》の**かび**は如何《いか》に防《ふせ》ぐか

記者『ところで何処《どこ》のうちでも一番《ばん》困《こま》るのはお餅《もち》を永《なが》く置《お》くと直《じ》きにかびる事《こと》です。何《なん》とかしてお餅《もち》のかびない工風《くふう》はありますまいか？』

夫人『それは酒樽《さかだる》の明《あ》き立《た》てに入《い》れて置《お》くのに限《かぎ》ります。さうすると**かび**も急《きゅう》に出《で》ませんし、お餅《もち》がいつまでも柔《やわら》かで居《お》ります』

記者『小勢《こぜい》なうちでは大《おお》きな酒樽《さかだる》へ入《い》れるほど餅《もち》を搗《つ》きませんが三《み》つ割《わり》の小《ちい》さな酒《さか》樽《だる》でも宜《よ》うございませうね？』

夫人『左様《さよう》です。小《ちい》さくつても大《おお》きくつても同《おな》じ事《こと》ですが空気《くうき》を入《い》れてはいけませんから最初《さいしょ》に鏡《かがみ》を抜《ぬ》かないで蓋《ふた》の真中《まんなか》へ手《て》の入《はい》る位《くらい》な四角《かく》の穴《あな》を明《あ》けます。その中《なか》からお餅《もち》をれて平生《へいぜい》は木《き》の蓋《ふた》をピッタリして置《お》けば気《き》が抜《ぬ》けません』

記者『蓋《ふた》はどう云《い》ふのが宜《よ》うございますか？』

夫人『今《いま》切《き》り取《と》つた鏡《かがみ》の木《き》へ**サン**を付《つ》ければ直《す》ぐ蓋《ふた》になります』

記者『よい事《こと》を伺《うかが》ひました。早速《さっそく》試《た》めして見《み》ませう』

餅《もち》は如何《いか》に搗《つ》くべきか

記者『私《わたくし》は餅《もち》が大好《だいす》きでございますが日本《にほん》一の美味《おい》しいお餅《もち》を食《た》べてみたいと思《おも》ひます』

夫人『では日本《にほん》一のお餅《もち》を御馳走《ごちそう》致《いた》しませうか？』

記者『今《いま》ですか？』

夫人『はい』

記者『今《いま》はもう我慢《がまん》にも戴《いただ》けません。せめて拝見《はいけん》だけでも致《いた》し度《た》いもので』

夫人『ではごらんなさい。見《み》たところからして色《いろ》の白《しろ》さと云《い》ひ、きめの細《こま》かさと云《い》ひで羽二重《はぶたえ》の様《よう》でございませう』

記者『成程《なるほど》実《じつ》に美味《おい》しさうですね。これはどうした餅《もち》でございます？』

夫人『これは日本《にほん》一の餅米《もちごめ》と申《もう》す越ヶ谷《こしがや》の太郎兵衛《たろべえ》と云《い》ふ餅米《もちごめ》を極《ご》く上手《じょうず》に搗《つ》いた

のですが先年《せんねん》岩崎《いわさき》弥之助《やのすけ》男爵《だんしゃく》に差上《さしあ》げたら日本《にっぽん》一との評《ひょう》を受《う》けてその後《のち》は岩崎《いわさき》家《け》でも毎年《まいとし》此餅《このもち》をお搗《つ》かせになります』

記者『その搗《つ》き方《かた》は普通《ふつう》のと違《ちが》ひますか？』

夫人『別段《べつだん》に違《ちが》うと申《もう》すほどではありませんが、第《だい》一に蒸《む》し方《かた》と**ホド**の打《う》ち方《かた》を余《よ》程《ほど》丁寧《ていねい》にしなければなりません。それから搗《つ》く前《まえ》に杵《きね》で粒《つぶ》が見《み》えなくなるまでこづくのが一番《ばん》大切《たいせつ》です。こづく事《こと》を略《りゃく》すると味《あじ》が丸《まる》でなくなります。其次《そのつぎ》は成《な》るたけ水《みず》を入《い》れない様《よう》にして搗《つ》いて搗《つ》いて搗《つ》き抜《ぬ》くのです』

記者『随分《ずいぶん》むづかしいものですね』

夫人『上手《じょうず》な搗《つ》き男《おとこ》でなければ迚《とて》も此餅《このもち》は出来《でき》ません。何《な》にしろ腰《こし》の強《つよ》い餅米《もちごめ》を殆《ほと》んど手水《てみず》なしで羽二重《はぶたえ》の様《よう》に搗《つ》き抜《ぬ》くのですから非常《ひじょう》に骨《ほね》が折《お》れます』

記者『寒餅《かんもち》には二臼《ふたうす》の所《ところ》を一臼《ひとうす》にしても此羽二重餅《このはぶたえもち》を搗《つ》いて見《み》ませう。越《こし》ヶ谷《や》の餅《もち》米《こめ》は何所《どこ》にでもありますか？』

夫人『迚《とて》も本物《ほんもの》は普通《ふつう》の米屋《こめや》にありません。越《こし》ヶ谷《や》米《まい》と云《い》つても多《おお》くは外《ほか》の米《こめ》で

す』

記者『越《こし》ヶ谷米《やまい》の次《つぎ》は何が宜《よ》うございませう？』

夫人『野州《やしゅう》の石神米《いしがみまい》が宜《よ》うございます。しかしこれも沢山《たくさん》はありません』

雑煮《ぞうに》は如何《いか》につくるか

記者『お雑煮《ぞうに》の拵《こしら》へ方《かた》は国々《くにぐに》で違《ちが》ひますが何《なに》が一番《ばん》美味《おい》しうございませう？』

夫人『鴨雑煮《かもぞうに》の上手《じょうず》に出来《でき》たのが一番《ばん》美味《おい》しい様《よう》でございます』

記者『それは鴨《かも》の肉《にく》を入《い》れたのですか？』

夫人『左様《さよう》です。鴨《かも》の煮汁《だし》で大層《たいそう》味《あじ》の好《よ》いものです。鴨《かも》の無《な》い時《とき》に鶏《にわとり》の肉《にく》でも宜《よ》うございます』

記者『魚《さかな》の肉《にく》も雑煮《ぞうに》に入《い》れますか？』

夫人『鯛《たい》の肉《にく》を焼《や》いて入《い》れても宜《よ》うございます。越後《えちご》では鮭《さけ》の筋子《すじこ》を入《い》れます』

記者『雑煮《ぞうに》の汁《しる》は澄《す》んだのばかりでせうか？』

夫人『濁《にご》つたのもあります。胡麻《ごま》を擂《す》つて入《い》れたり、お味噌《みそ》を擂《す》つて入《い》れたりするのもあります』

記者『お餅《もち》は何所《どこ》でも焼《や》いて入《い》れますか？』

夫人『澄《す》んだお雑煮《ぞうに》へは焼《や》いたのを入《い》れますが、濁《にご》つたのへは生《なま》の餅《もち》を一晩《ひとばん》水《みず》に漬《つ》けて置《お》いて入《い》れます』

汁粉《しるこ》は如何《いか》につくるか

記者『お汁粉《しるこ》の美味《おい》しいのは何《ど》うして拵《こしら》へますか？』

夫人『餡《あん》を二度漉《どごし》にすると美味《おい》しくなります。二度漉《どごし》とは小豆《あずき》を漉《こ》す時《とき》一旦《たん》普通《ふつう》に漉《こ》してもう一度細《こま》かい裏漉《うらごし》で漉《こ》します』

記者『食道楽《しょくどうらく》に有名《ゆうめい》な南京豆《なんきんまめ》のお汁粉《しるこ》と云《い》ふのがあるさうですね。それは手軽《てがる》にすると何《ど》う致《いた》します？』

夫人『炒《い》つた南京豆《なんきんまめ》の皮《かわ》を剥《む》いて擂鉢《すりばち》でよく擂《す》ります。それに塩《しお》と砂糖《さとう》を入《い》れて又《また》よく擂《す》つてお湯《ゆ》で淡《うす》くならない様《よう》に伸《の》します』
記者『何《ど》の位《くらい》な加減《かげん》が宜《よ》うございますか？』
夫人『先《ま》づどろ〴〵位《くらい》の所《ところ》が丁度《ちょうど》美味《おい》しうございます。お餅《もち》の方《ほう》は一旦《たん》焼《や》いて、お湯《ゆ》につけて柔《やわら》かくしたものを入《い》れて出《だ》します。これは南京豆《なんきんまめ》を擂《す》るのになか〳〵骨《ほね》が折《を》れますよ』
記者『南京豆《なんきんまめ》は家《うち》で炒《い》れますか？』
夫人『はい、焙烙《ほうろく》へ砂《すな》を入《い》れて南京豆《なんきんまめ》を砂《すな》と一緒《しよ》に炒《い》れば焦《こ》げないでよく炒《い》れます』
記者『外《ほか》にまだ変《かわ》つたお汁粉《しるこ》がありませうか？』
夫人『お味噌《みそ》のお汁粉《しるこ》もあります。それは濃《こ》い味噌汁《みそじる》を拵《こしら》へてお砂糖《さとう》で甘《うま》く味《あじ》をつけます。葛《くず》を少《すこ》し溶《と》き込《こ》んでどろ〴〵にして暫《しば》らく煮《に》たところで焼《や》いた餅《もち》を入《い》れます。これには甘味噌《あまみそ》が宜《よ》うございます』
記者『その外《ほか》には？』

夫人『薩摩芋《さつまいも》のお汁粉《しるこ》もあります。それは薩摩芋《さつまいも》をゆでゝ裏漉《うらご》しにして、外《ほか》の湯《ゆ》でどろ〳〵にのばします。塩《しお》とお砂糖《さとう》で味《あじ》をつけて暫《しば》らく煮《に》たところへ一晩《ひとばん》水《みず》につけた生《なま》のお餅《もち》をその侭《まま》入《い》れます。しかしこれは略式《りゃくしき》ですから上等《じょうとう》にすると小豆《あずき》の煮《に》たのを粒《つぶ》の侭《まま》半分《はんぶん》程《ほど》加《くわ》へると味《あじ》が大層《たいそう》よくなります』

記者『まだその外《ほか》にもありますか？』

夫人『牛乳《ぎゅうにゅう》のお汁粉《しるこ》があります。それは牛乳《ぎゅうにゅう》を煮立《にた》てゝ、塩《しお》とお砂糖《さとう》で味《あじ》をつけて葛《くず》を少《すこ》し引《ひ》きます。そこへ焼《や》いたお餅《もち》を入《い》れますと大層結構《たいそうけっこう》です』

記者『もうその位《くらい》なものですか？』

夫人『まだ**カスターソース**のお汁粉《しるこ》があります。それは先《ま》づ玉子《たまご》の黄身《きみ》二《ふた》つへ大匙《おおさじ》二杯《はい》の砂糖《さとう》を加《くわ》へてよく混《ま》ぜます。そこへ一合《ごう》の牛乳《ぎゅうにゅう》を少《すこ》しづゝ幾度《いくたび》にもまぜながら加《くわ》へて、それを湯煎《ゆせん》にしながらよく攪《か》き回《まわ》してどろ〳〵にします。その中《なか》へ焼《や》いたお餅《もち》を入《い》れたのも宜《よ》うございます』

記者『なか〳〵色々《いろいろ》のお汁粉《しるこ》が出来《でき》ました。一《ひと》つづゝ拵《こしら》へて試《ため》しませう』

塩鮭《しおざけ》は如何《いか》に料理《りょうり》するか

記者『近頃《ちかごろ》は何所《どこ》のうちでも北海道《ほっかいどう》の塩引鮭《しおひきさけ》を使《つか》ひますがあれを美味《おい》しく食《た》べる工《く》風《ふう》がございますか？』

夫人『左様《さよう》ですね、塩引鮭《しおひきさけ》は最初《さいしょ》に塩《しお》を抜《ぬ》く事《こと》が何《なに》より肝心《かんじん》ですが鮭《さけ》の塩《しお》を抜《ぬ》くのは大根卸《だいこんおろ》しを沢山《たくさん》拵《こし》らへてその中《なか》へ鮭《さけ》の切身《きりみ》をつけて置《お》くのに限《かぎ》ります』

記者『幾日位《いくにちくらい》つけます？』

夫人『薄塩《うすしお》ならば三四日《か》、塩《しお》が鹹《から》ければ一週間位《しゅうかんくらい》つけて置《お》くと塩《しお》がよく抜《ぬ》けた上《うえ》に大根卸《だいこんおろ》しの味《あじ》が浸《し》みてそれを焼《や》いたばかりでも大層味《たいそうあじ》がよくなります』

記者『それは軽便《けいべん》で何《なに》よりです。塩《しお》を抜《ぬ》いた鮭《さけ》をもっと美味《おい》しくする事《こと》が出来《でき》ますか？』

夫人『大根卸《だいこんおろ》しで塩《しお》を抜《ぬ》いてお酒《さけ》の粕《かす》を味醂《みりん》で溶《と》いて漬《つ》けると大層美味《たいそうおい》しくなります』

記者『もっと美味《おい》しくする法《ほう》がありますか？』

夫人『甘酒《あまざけ》の元《もと》即《すなわ》ち溶《と》かない甘酒《あまざけ》へ漬《つ》けると尚結構《なおけっこう》です』

記者『甘酒《あまざけ》の溶《と》かないのは甘酒屋《あまざけや》に売《う》つて居《を》りますが、家《うち》で拵《こしら》へるには何《ど》うしますか？』

夫人『手軽《てがる》にするのは糯米《もちごめ》を二合《ごう》五勺程《しやくほど》お粥《かゆ》の様《よう》に柔《やわら》かく炊《た》いてその中《なか》へ麹《こうじ》五合《ごう》を入《い》れてよく混《ま》ぜます。それを桶《おけ》か甕《かめ》へ入《い》れて固《かた》く蓋《ふた》をして紙《かみ》で目張《めばり》をします。それを暖《あたた》かい所《ところ》に三日《みっか》位《ぐらい》置《お》くと甘酒《あまざけ》になります。しかしこれは手軽《てがる》な方《ほう》で本式《ほんしき》にすると糯米《もちごめ》を御飯《ごはん》の様《よう》に炊《た》いて麹《こうじ》の方《ほう》は熱湯《ねっとう》を入《い》れて蒸《む》らして人肌《ひとはだ》位《ぐらい》になつた所《ところ》で混《ま》ぜるのですから少《すこ》し加減《かげん》が面倒《めんどう》です』

蜜柑《みかん》は如何《いか》に料理《りょうり》するか

記者『此頃《このごろ》は蜜柑《みかん》が沢山《たくさん》ありますが何《なに》かお料理《りょうり》に出来《でき》ませんか？』

夫人『手軽《てがる》に煮《に》ることも出来《でき》ます。それは包丁《ほうちょう》で蜜柑《みかん》の甘皮《あまかわ》を剥《む》いて直《す》ぐ水《みず》へ入《い》れて今度《こんど》は別《べつ》の水《みず》と味醂《みりん》と砂糖《さとう》で三時間位《じかんぐらい》弱《よわ》い火《ひ》で気長《きなが》に煮《に》ます。しかしカラカラにしてはいけません、少《すこ》し汁《しる》のある位《くらい》が宜《よ》うございます』

記者『甘皮《あまかわ》を剝《む》くとはどうするのです？』

夫人『皮《かわ》の外部《がいぶ》を極《ご》く薄《うす》く剝《む》くのです。爾《そ》うすると黄色《きみ》の所《ところ》がとれて白《しろ》い皮《かわ》が残《のこ》ります』

記者『しかし三時間《じかん》では手軽《てがる》と参《まい》りませんね。もつと直《すぐ》にちよこちよこと出来《でき》るお料理《りょうり》がありますか？』

夫人『蜜柑《みかん》の葛和《くずあ》へはちよいと洒落《しゃれ》て居《い》ます。それも手軽《てがる》にすると濃《こ》い葛湯《くずゆ》を塩《しお》とお砂糖《さとう》で味《あじ》をつけて拵《こしら》へます。山葵《わさび》を擂《す》り卸《おろ》して少《すこ》しそれへ混《ま》ぜて冷《さ》まして置《お》きます。冷《さ》めた所《ところ》へ蜜柑《みかん》の身《み》ばかりと、林檎《りんご》の薄《うす》く刻《きざ》んだのとを入《い》れて和《あ》へます』

記者『お正月《しょうがつ》の御馳走《ごちそう》に蜜柑《みかん》の風変《ふうがわ》りなお料理《りょうり》はありませんか？』

夫人『では先《ま》づ西洋《せいよう》食品屋《しょくひんや》か或《あるい》は薬種屋《やくしゅや》で西洋《せいよう》膠《にかわ》の**ゼラチン**といふものを十枚《まい》ばか

りお買《か》ひなさい。それから蜜柑《みかん》を胴中《どうなか》から二《ふた》つに切《き》ります。双方《そうほう》の皮《かわ》を破《やぶ》らない様《よう》に中《なか》の身《み》を出《だ》して液《しる》ばかりを絞《しぼ》ります。その液《しる》が一合《ごう》あつたら砂糖《さとう》を大匙《おおさじ》一杯《ばい》加《くわ》へて火《ひ》にかけます。前《まえ》の**ゼラチン**四枚《まい》を水《みず》へ一時間《じかん》漬《つ》けていてその中《なか》へ入《い》れると直《じ》きに溶《と》けますから火《ひ》より卸《おろ》して、一旦《たん》漉《こ》して前《まえ》にとつた蜜柑《みかん》の皮《かわ》へ注《つ》ぎ込《こ》みます。それを寒《さむ》い所《ところ》へ一時間《じかん》も置《お》けば悉皆《すつかり》凝《かた》まつて美味《おい》しい御馳走《ごちそう》が出《で》来《き》ます』

記者『それは乙《おつ》ですね。お客《きやく》が来《き》たら黙《だま》つて匙《さじ》でも添《そ》へて出《だ》すと嘸《さぞ》喜《よろこ》びませう。いろ〱どうも難有《ありがと》うございます』

夫人『まあ少《すこ》しお待《ま》ちなさい。只今《ただいま》日本《につぽん》一のお餅《もち》を安部川《あべかわ》にして差上《さしあ》げます』

記者『それは〱尚《なお》難有《ありがと》うございます』

と、こゝに於《お》いて再《ふたた》び大原《おおはら》となり了《おわ》りぬ。

野鳥《やちょう》は幾日目《いくにちめ》に食《た》べるか（二月記）

記者《きしや》は得々然《とくとくぜん》として土産物《みやげもの》を出《だ》して曰《いわ》く、

記者『今日《きょう》こそは上等《じょうとう》の御土産物《おみやげもの》を持《も》つて参《まい》りましたよ。この雉子《きじ》は昨日《さくじつ》私《わたくし》の友人《ゆうじん》が銃猟《じゅうりょう》に行《い》つて捕《と》つて来《き》たものです。しかも夕方《ゆうかた》撃《う》つたのを直《す》ぐに貰《もら》ひましたから今朝《けさ》は大急《おおいそ》ぎで持《も》つて参《まい》りました』

夫人『それは何《なに》より難有《ありがと》う御座《ござ》います。私《わたくし》どもでは雉子《きじ》が大好物《だいこうぶつ》で、殊《こと》に寒中《かんちゅう》の雉子《きじ》は格別《かくべつ》ですから態々《わざわざ》伊豆辺《いずあたり》に頼《たの》んで取寄《とりよ》せます』

といはれて記者《きしゃ》愈《いよい》よ得意《とくい》なり。

記者『そこで少々《しょうしょう》御無心《ごむしん》があります。今日《きょう》その雉子《きじ》を御料理《おりょうり》なさるならお料理法《りょうりほう》だけでも拝見《はいけん》して雑誌《ざっし》に書《か》き度《た》う御座《ござ》います』

夫人『それはちとお生憎《あいにく》さまでまだ今日《きょう》はお料理《りょうり》に致《いた》されません』

記者『では明日位《みょうにちくらい》ですか。折角新《せっかくあたら》しいのを持《も》つて参《まい》つたのですが、そんなにお置《お》きなすつては古《ふる》くなるでせう？』
夫人『おほゝゝゝあなたはまだ雉子《きじ》の食《た》べ方《かた》を御存知《ごぞんじ》ないと見《み》えますね。雉子《きじ》の肉《にく》は新《あたら》しい程毒分《ほどどくぶん》が多《おお》いものですから決《けっ》して新《あたら》しいものを料理《りょうり》に使《つか》ひません』
記者『おや〳〵私《わたくし》は新《あたら》しい程結構《ほどけっこう》だと思《おも》ひました。何《ど》うして毒分《どくぶん》がありませう？』
夫人『雉子《きじ》と、山鳥《やまどり》と猪《いのしし》とは蛇《へび》や蝮蛇《まむし》を食《た》べるためでせうが、新鮮《しんせん》な肉《にく》に毒分《どくぶん》があつてそれを食《た》べると腫物《はれもの》が出来《でき》たり、傷《きず》が起《おこ》つたりする事《こと》が往々《おうおう》あります。母《はは》親《おや》が雉子《きじ》の新《あたら》しい肉《にく》を食《た》べて子供《こども》に乳《ちち》を飲《の》ませると必《かなら》ず腫物《はれもの》が来《き》ると申《もう》す位《くらい》で、雉子《きじ》と山鳥《やまどり》と、猪《いのしし》は腐敗《ふはい》しない様《よう》に寒《さむ》い所《ところ》に吊《つる》して置《お》いて五六日《にち》から一週間程《しゅうかんほど》置《お》かなければ料理《りょうり》に使《つか》ひません』
記者『そんなものでせうか、古《ふる》くして食《た》べたら味《あじ》が悪《わる》くなりませう？』
夫人『いゝえ味《あじ》をよくするためにも長《なが》く置《お》かなければなりません。牛肉《ぎゅうにく》の新《あたら》しいのが味《あじ》が悪《わる》いと同様《どうよう》で、雉子《きじ》や、山鳥《やまどり》も東京辺《とうきょうへん》の気候《きこう》では寒《さむ》い時《とき》に五六日以上《にちいじょう》置《お》かなければ好《い》い味《あじ》になりません。雉子《きじ》などは下《した》の方《ほう》の毛《け》が少《すこ》し変《かわ》りかけて、腹《はら》の毛《け》が楽《らく》に抜《ぬ》ける位《くらい》になつた時《とき》料理《りょうり》しますと実《じつ》に味《あじ》の好《よ》いものです。多《おお》くの人《ひと》は雉子《きじ》の肉《にく》の新《あたら》しいうちに召上《めしあが》るので雉子《きじ》がそれ程美味《ほどおい》しいものとは御存知《ごぞんじ》なくつて雉子《きじ》は余《あま》り美味《おい》しくないといはれる方《かた》もありますよ』

記者『一週間《しゅうかん》も置《お》いたら肉《にく》が腐《くさ》りませう?』

夫人『下《した》へ置《お》くと早《はや》く腐《くさ》りますから必《かなら》ず風通《かぜとお》しの宜《よ》い寒《さむ》い所《ところ》に吊《つる》して置《お》かなければなりません。それでもお腹《なか》の下《した》の辺《あたり》が腐《くさ》りかけて来《く》る事《こと》もあります。その時《とき》はそこの部分《ぶぶん》だけ切取《きりと》つて料理《りょうり》します。尤《もっと》も煮《に》るのは五六日目《にちめ》で宜《よ》う御座《ござ》いますが、**ロース**などにするのは一週間目《しゅうかんめ》が丁度《ちょうど》食《た》べ頃《ごろ》になります』

記者『雉子《きじ》や山鳥《やまどり》の食《た》べ頃《ごろ》は一週間目《しゅうかんめ》ですと外《ほか》の鳥《とり》にも矢張《やは》り食《た》べ頃《ごろ》がありませうか?』

夫人『ありますとも、鴨《かも》などは海《うみ》の鳥《とり》で肉《にく》が早《はや》く腐《くさ》りますから五日目《いつかめ》を食《た》べ頃《ごろ》としたものです。鶉《うずら》や山鴫《やましぎ》などは四日目《よっかめ》、田鴫《たしぎ》、水雞《くひな》椋鳥《むくどり》鶫《つぐ》などは三日目《みっかめ》としたものです』

記者『三日目《みっかめ》といへば今日《きょう》撃つたものを明後日《あさって》食《た》べる訳《わけ》ですね、私《わたくし》どもは今《いま》まで新《あたら》しい程《ほど》が宜《よ》いと思《おも》つて何《なん》でも直《す》ぐに食《た》べました。一番永《いちばんなが》く置《お》いて食《た》べるものは何《なん》でせう？』

夫人『鳩《はと》ですね、鳩《はと》は腐敗《ふはい》の遅《おそ》いものですから八日位置《ようかくらいお》いても大丈夫《だいじょうぶ》です。大《おお》きくつても雁《がん》などは海《うみ》の鳥《とり》だけ早《はや》く腐《くさ》りますから七日目位《なのかめくらい》に食《た》べます。しかし何《なん》でも吊《つる》して置《お》けば足《あし》の方《ほう》が腐《くさ》りかけても切取《きりと》れば食《た》べられますが、下《した》へ横《よこ》に置《お》くと背中《せなか》が腐《くさ》りますからもう食《た》べられません。背中《せなか》の青《あお》くなつた鳥《とり》は決《けっ》して食《た》べるものではありません』

雉子《きじ》は如何《いか》に料理《りょうり》するか

記者『お話《はなし》を伺《うかが》ひますと雉子《きじ》は大層美味《たいそうおい》しいものださうですが、何《ど》う云《い》ふお料理《りょうり》が一番《ばん》美味《おい》しう御座《ござ》いますか？』

夫人『西洋料理《せいようりょうり》では雉子《きじ》の**ロース**が何《なに》よりの御馳走《ごちそう》です。それは羽《はね》をむしつて毛焼《けや》きをしてお腹《なか》の中《なか》の臓物《ぞうもつ》を出《だ》してよく塩《しお》を一面《めん》にすりつけます。それを**テンパン**へ入《い》れて**バター**を沢山《たくさん》載《の》せます。鳥《とり》の脇《わき》には玉葱《たまねぎ》、人参《にんじん》の刻《きざ》んだのを置《お》きます。それを**テンピ**へ入《い》れて焼《や》きますが、五分《ふん》間《かん》毎《ごと》に匙《さじ》で汁《しる》を掬《すく》つて上《うえ》からかけなければいけません。さうすると**バター**の溶《と》けたのや鳥《とり》から出《で》た汁《しる》や野菜《やさい》の汁《しる》が肉《にく》に浸《し》みて味《あじ》がよくなります。一時《じ》間《かん》以上《いじょう》も焼《や》いたら**テンピ**から出《だ》しますが召上《めしあが》る時《とき》は果物《くだもの》の**ジャム**をつけると味《あじ》が宜《よ》う御座《ござ》います』

記者『随分《ずいぶん》面倒《めんどう》ですね、しかし雉子《きじ》などは少《すこ》し位手数《くらいてすう》をかけなければ美味《おい》しくは食《た》べられますまい。外《ほか》の小鳥《ことり》などを無造作《むぞうさ》に食《た》べるのは何《ど》うしたら宜《よ》いでせう？』

夫人『小鳥《ことり》なら背《せ》から開《ひら》いて塩《しお》を塗《ぬ》つて**バター**を**フライ**鍋《パン》で煮立《にた》てゝその中《なか》でいためたのも無造作《むぞうさ》で宜《よ》うございます』

記者『いづれの道野鳥《みちやちょう》などは手《て》がかゝります。例《れい》の通《とお》り野菜《やさい》か何《なに》かの平民主義《へいみんしゅぎ》の手軽《てがる》なお料理《りょうり》を二《ふた》つ三《み》つ伺《うかが》ひたいものです』

ホウレン草《そう》は如何《いか》に料理《りょうり》するか

夫人『それでは**ホウレン**草《そう》の話《はなし》を致《いた》しませう。**ホウレン**草《そう》は何《なん》にするのでも最初《さいしょ》に一旦《たん》ゆでますが、ゆでる時湯《ときゆ》の中《なか》へ塩《しお》を少《すこ》し入《い》れると青《あお》く好《よ》い色《いろ》にゆだりますし、**アク**も抜《ぬ》けます。それから**おしたし**にでも何《なん》にでもなります』

記者『**おしたし**のかけ汁《しる》は何《なに》が宜《よ》う御座《ござ》います？』

夫人『それは色々《いろいろ》あります。手軽《てがる》にすると味醂《みりん》一杯《ぱい》と醤油《しょうゆ》一杯《ぱい》とを等分《とうぶん》に混《ま》ぜて煮《に》立《た》てたものをかけて其上《そのうへ》から花《はな》**がつを**を振《ふ》ります。もう一《ひと》つの法《ほう》は醤油《しょうゆ》一杯《ぱい》と酢《す》一杯《ぱい》を混《ま》ぜて煮立《にた》てたものをかけます』

記者『**ホウレン**草《そう》には変《かわ》つたお料理《りょうり》がありますか？』

夫人『左様《さよう》ですネ、西洋料理《せいようりょうり》にしますと色々《いろいろ》の法《ほう》があります。先《ま》づゆでた**ホウレン**草《そう》を絞《しぼ》つて細《こま》かく刻《きざ》んで置《お》きます。**フライ**鍋《パン》で**バター**を溶《と》かして今《いま》の**ホウレン**草《そう》をよくいためます。それへ塩《しお》と胡椒《こしょう》を振《ふ》つて味《あじ》をつけます』

記者『それだけでも美味《おい》しさうですネ』

夫人『そのかはり温《あたた》かいうちに召上《めしあが》らないといけません。もつと上等《じょうとう》にするのは別《べつ》に玉子《たまご》を熱湯《ねっとう》の中《なか》へ割《わ》つて落《おと》して半熟《はんじゅく》になつた所《ところ》を今《いま》のホウレン草《そう》の上《うへ》へ載《の》せて出《だ》します。玉子《たまご》と一しよに食《た》べると大層結構《たいそうけっこう》です』

南京豆《なんきんまめ》は如何《いか》に煮《に》るか

記者『先月《せんげつ》のお話《はなし》で南京豆《なんきんまめ》のお汁粉《しるこ》を致《いた》しましたら大層味《たいそうあじ》が好《よ》くつて大評判《だいひょうばん》でした。南京豆《なんきんまめ》は外《ほか》にお料理《りょうり》する工風《くふう》がありますか？』

夫人『南京豆《なんきんまめ》を煮《に》ると結構《けっこう》です』

記者『南京豆《なんきんまめ》の煮物《にもの》とは始《はじ》めて伺《うかが》ひました。何《ど》ういふ風《ふう》に煮《に》るのです？』

夫人『それには生《なま》の南京豆《なんきんまめ》の殻《から》を取《と》ると甘皮《あまかわ》だけになります。それを鍋《なべ》に入《い》れて覆《おお》ふ程水《ほどみず》を入《い》れます。それを一旦《たん》ざつと煮立《にた》てゝ火《ひ》から卸《おろ》したら温《あたた》かいうちに米《こめ》を磨《と》ぐ様《よう》に手《て》で磨《と》ぐと甘皮《あまかわ》がよく剝《む》けます。それを洗《あら》つて別《べつ》の水《みず》を加《くわ》へてまた煮《に》立《た》てて三十分《ぷん》も過《す》ぎたらその湯《ゆ》をこぼしてまた外《ほか》の湯《ゆ》で三十分《ぷん》も煮《に》ます。斯《こ》うして三度《ど》ばかりゆでこぼすと南京豆《なんきんまめ》の**アク**が抜《ぬ》けます。それから砂糖《さとう》を入《い》れて二時間《じかん》も煮《に》て塩《しお》を入《い》れてまた一時間《じかん》ばかりも煮《に》ますと大層柔《たいそうやわら》かになつて味《あじ》の好《よ》いものです』

記者『つまり最初《さいしょ》から四時間《じかん》ばかりかゝりますネ』

夫人『それは生《なま》の南京豆《なんきんまめ》を煮《に》る法《ほう》ですが、市中《しちゅう》で売《う》つて居《い》る南京豆《なんきんまめ》は多《おお》く炒《い》つてありますから最初《さいしょ》から手《て》で甘皮《あまかわ》を剝《む》いてゆでます。一時間《じかん》ゆでたら今《いま》の通《とお》りに砂糖《さとう》を入《い》れて一時間煮《じかんに》ます。塩《しお》を加《くわ》へてまた一時間《じかん》も煮《に》ると柔《やわら》かになります』

記者『その方《ほう》が少々手軽《しょうしょうてがる》ですネ、南京豆《なんきんまめ》の煮《に》ものは珍《めず》らしう御座《ござ》いますから早速試《さっそくた》めしませう』

ホウボウは如何《いか》に料理《りょうり》するか

記者『あんまり野菜《やさい》ばかり伺《うかが》ひますから少《すこ》しお魚《さかな》のお話《はなし》を願《ねが》ひます。今頃《いまごろ》は**ホウボ**

ウが沢山《たくさん》ありますがあれは塩焼《しおやき》にする外何《ほかなに》か工風《くふう》がありますか?』

夫人『**ホウボウ**は味噌汁《みそじる》にすると大層味《たいそうあじ》がよく合《あ》ふものです』

記者『何《ど》ういふ風《ふう》にして味噌汁《みそじる》に致《いた》します?』

夫人『それにも色々《いろいろ》あります。極《ご》く手軽《てがる》なのは**ホウボウ**を骨共《ほねとも》にブツブツに切《き》つて味噌汁《みそじる》の中《なか》へ入《い》れて一時間《じかん》ばかり煮《に》ます。大根《だいこん》か葱《ねぎ》を取合《とりあわ》せに入《い》れると尚味《なおあじ》が好《よ》くなります。**ホウボウ**は妙《みょう》に味噌汁《みそじる》の味《あじ》をよくするもので、この味噌汁《みそじる》から**ホウボウ**を揚《あ》げて了《しま》つて外《ほか》の実《み》を入《い》れて出《だ》しても宜《よ》う御座《ござ》います』

記者『つまり**ホウボウ**の**スープ**も味噌汁《みそじる》になりますネ』

夫人『左様《さよう》ですが味《あじ》だけを出《だ》すなら**ホウボウ**の骨《ほね》ばかり入《い》れてよく煮《に》ても宜《よ》う御座《ござ》います。**ホウボウ**の骨《ほね》はなか〱味《あじ》のあるもので魚《さかな》の**スープ**にも使《つか》ひます』

記者『別《べつ》の味噌汁《みそじる》は何《ど》う致《いた》します?』

夫人『それは**ホウボウ**を身《み》ばかり取《と》つて擂鉢《すりばち》でよく擂《す》ります。別《べつ》に味噌《みそ》を擂《す》つて水《みず》で少《すこ》し濃《こ》いばかりにのばします。それを少《すこ》しづゝ魚《さかな》の方《ほう》へ入《い》れて幾度《いくたび》にも擂《す》りまぜて煮立《にた》てますが、絶《た》えず杓子《しゃくし》で掻《か》き回《まわ》しながら煮立《にた》てないと固《かた》まつたり、焦《こ》げついたりしていけません』

記者『汁《しる》の実《み》は何《なに》も要《い》りませんか？』

夫人『この実《み》にはお豆腐《とうふ》が一番《ばん》よく合《あ》ひます』

飯《めし》の出来損《できそん》じは如何《いか》に直《なお》すか

記者『妙《みょう》な事《こと》を伺《うかが》ひますが先日宅《せんじつたく》で二三人《にん》の客《きゃく》をしました時《とき》、お料理《りょうり》はやつと出来《でき》ましたがいざ御飯《ごはん》を出《だ》さうといふ時《とき》お釜《かま》の蓋《ふた》を取《と》つて見《み》ると御飯《ごはん》が出来損《できそん》じて身《しん》があります。これではお客《きゃく》に出《だ》せないと云《い》ふので大騒《おおさわ》ぎやつて急《きゅう》に炊《た》き直《なお》しましたがその出来損《できそん》じた御飯《ごはん》の始末《しまつ》に困《こま》りました。アーいふ時《とき》には何《なに》か好《い》い工《く》風《ふう》がありませうか？』

夫人『それは何所《どこ》の家《うち》でも折々《おりおり》あります。大勢《おおぜい》のお客《きゃく》でもするとお米《こめ》の分量《ぶんりょう》が殖《ふ》えるので加減《かげん》が違《ちが》ひます。しかしそんな時《とき》にはあはてゝ炊《た》き直《なお》すには及《およ》びません。

お釜《かま》の蓋《ふた》を取《と》つた時《とき》身《しん》があると思《おも》つたら直《す》ぐにお酒《さけ》を少《すこ》しパラパラと振《ふ》りかけてその侭蓋《ままふた》をして暫《しばら》く蒸《む》らして置《お》くと不思議《ふしぎ》の様《よう》に御飯《ごはん》が柔《やわら》かくなつて身《しん》などは消《き》えて了《しま》ひます。お酒《さけ》の無《な》い時《とき》には味醂《みりん》でも宜《よ》う御座《ござ》いますし、少《すこ》し位《くらい》の身《しん》があるならお釜《かま》の蓋《ふた》へお酒《さけ》か味醂《みりん》を塗《ぬ》つて蒸《む》らして置《お》いても宜《よ》う御座《ござ》います』

記者『それは有難《ありがた》い事《こと》を伺《うかが》ひました。お客《きゃく》の時《とき》で無《な》くつても宅《たく》では折々《おりおり》身《しん》のある御《ご》飯《はん》を食《た》べさせられますがお陰様《かげさま》で以来《いらい》はその難《なん》を免《まぬが》れます。それから私《わたくし》の親戚《しんせき》で炭《すみ》の器械竈《きかいがま》を買《か》ひましたが御飯《ごはん》を炊《た》くと下《した》が焦《こ》げて上《うえ》がグヂヤグヂヤして何《ど》うもよく出来《でき》ないと申《もう》しました』

夫人『それは水《みず》からお炊《た》きなすつたのでせう。炭火《すみび》で炊《た》くのは先《ま》づ湯《ゆ》をグラグラと煮立《にた》てゝ置《お》いてそこへお米《こめ》を入《い》れて炊《た》かなければいけません』

記者『成程《なるほど》爾《そ》う云《い》ふ訳《わけ》ですか。しかし水《みず》の加減《かげん》によりますネ』

夫人『それには最初《さいしょ》にお米《こめ》と水《みず》の分量《ぶんりょう》をきめて置《お》きます。お米《こめ》の質《しつ》によつて少《すこ》しづゝ違《ちが》ひますが大抵《たいてい》は一升《しょう》のお米《こめ》に水《みず》が一升《しょう》二合《ごう》要《い》ります』

記者『一升《しょう》ときまつた時《とき》は宜《よ》う御座《ござ》いますが一升《しょう》五合《ごう》だの一升《しょう》八合《ごう》だのと云《い》ふ時《とき》には困《こま》りますネ』

夫人『それには市中《しちう》で売《う》つて居《お》る専売特許《せんばいとっきょ》の飯炊水加減器《めしたきみずかげんき》をお使《つか》ひなさるのが一番《ばん》便利《べんり》です』

記者『成程《なるほど》そんなものがありますか、早速《さっそく》買《か》つて置《お》きませう』

慈姑《くわい》は如何《いか》に料理《りょうり》すべきか（三月記）

記者『大阪《おおさか》の「婦人世界《ふじんせかい》」愛読者《あいどくしゃ》小池郁子《こいけいくこ》と云《い》ふ人《ひと》より弦斎夫人《げんさいふじん》に差上《さしあ》げて呉《く》れろとこの通《とお》り大《おお》きな慈姑《くわい》が社《しゃ》へ届《とど》きました。先《ま》づよく御覧《ごらん》下《くだ》さい』

夫人『それは難有《ありがと》う御座《ござ》います。マア御《お》見事《みごと》な慈姑《くわい》ですこと、大阪《おおさか》には吹田《すいた》慈姑《くわい》と云《い》つて皮《かわ》の黒《くろ》い甘味《あまみ》のある慈姑《くわい》がありますが、これは本《ほん》慈姑《くわい》の上等《じょうとう》です。斯《こ》う云《い》ふものを皆《みな》さんから毎度《まいど》御送《おおく》り下《くだ》すつて何《なん》とも御気《おき》の毒《どく》に存《ぞん》じます。先月《せんげつ》も神戸《こうべ》の愛読者《あいどくしゃ》荒田《あらた》さんと申《もう》す御方《おかた》から神戸《こうべ》第《だい》一等《とう》の牛肉《ぎゅうにく》を宅《たく》へ御送《おおく》り下《くだ》さいましたが、実《じつ》に味《あじ》がよくつて東京《とうきょう》では滅多《めった》にあれほどの牛肉《ぎゅうにく》を手《て》に入《い》れることが出来《でき》ません』

記者『この慈姑《くわい》は何《ど》うして召上《めしあが》ります？』

夫人『慈姑《くわい》はいろ〳〵の御料理《おりょうり》になりますが、揚《あ》げ物《もの》にするとなかなか美味《おい》しうございます』

記者『慈姑《くわい》の揚《あ》げ物《もの》はどうして拵《こしら》へますか？』

夫人『それは最初《さいしょ》に慈姑《くわい》の皮《かわ》を包丁《ほうちょう》で剝《む》いて直《す》ぐに水《みず》の中《なか》へ入《い》れてアクを取《と》ります。剝《む》いたのをその侭《まま》水《みず》へ入《い》れずに置《お》いてはいけません。さうすると直《じ》きにアクが出《で》て色《いろ》が悪《わる》くなります。みんな剝《む》いて了《しま》つたら笊《ざる》へあげてよく水気《みずけ》を切《き》らなければなりません』

記者『それを油《あぶら》で揚《あ》げますか？』

夫人『まあお待《ま》ちなさいさう急《きゅう》には参《まい》りません。その慈姑《くわい》を山葵卸《わさびおろ》しで擂鉢《すりばち》の中《なか》へ擂《す》り卸《おろ》します。大《おお》きな慈姑《くわい》が十個《とお》だけ卸《おろ》せたらそこへ生玉子《なまたまご》を一《ひと》つ黄身《きみ》も白身《しろみ》も一緒《いっしょ》に入《い》れます。それから**メリケン**粉《こ》を大匙《おおさじ》一杯《ぱい》加《くわ》へて塩《しお》とホンの少《すこ》しのお砂糖《さとう》で味《あじ》をつけます。それを匙《さじ》で掬《すく》つて油《あぶら》で揚《あ》げると大層《たいそう》美味《おい》しいものが出来《でき》ます』

記者『油《あぶら》は何《なに》が宜《よ》うございます？』

夫人『上等《じょうとう》にすれば**サラダ**油《ゆ》ですが、**ラード**か或《あるい》は胡麻《ごま》の油《あぶら》を使《つか》つても構《かま》ひません』

記者『それは醤油《しょうゆ》でもかけて食《た》べますか？』

夫人『お醤油《しょうゆ》に大根《だいこん》卸《おろ》しを添《そ》へても宜《よ》うございますが、丁寧《ていねい》にすれば別《べつ》に汁《しる》を拵《こしら》へます。それには先《ま》づ鰹節《かつおぶし》の煮汁《だし》を取《と》つて、その半分《はんぶん》程《ほど》醤油《しょうゆ》を加《くわ》へてホンの少《すこ》しの砂糖《さとう》を入《い》れます。その汁《しる》を煮立《にた》てゝ置《お》いて大根《だいこん》卸《おろ》しを添《そ》へて戴《いただ》くのが結構《けっこう》です』

記者『もつと手軽《てがる》な御料理《おりょうり》がありますか？』

夫人『慈姑《くわい》の**ふくめ**煮《に》と云《い》ふのが手軽《てがる》に出来《でき》ます。それは前《まえ》の様《よう》に皮《かわ》を剝《む》いて水《みず》の中《なか》で**アク**を出《だ》したら外《ほか》の水《みず》と味醂《みりん》少《すこ》しとお砂糖《さとう》と塩《しお》とで味《あじ》をつけて柔《やわら》かになるまで煮《に》ます。よく煮《に》えた所《ところ》で火《ひ》から卸《おろ》してその侭汁《ままじる》の中《なか》へ半日程《はんにちほど》漬《つ》けて置《お》きますと、慈姑《くわい》が汁《しる》を充分《じゅうぶん》に含《ふく》んで大層味《たいそうあじ》がよくなります』

記者『まだ外《ほか》にありませんか？』

夫人『慈姑《くわい》の梅干和《うめぼしあ》へもあります。それは慈姑《くわい》の皮《かわ》を剝《む》いて柔《やわら》かにゆでます。ゆだつた慈姑《くわい》を薄《うす》く刻《きざ》んで**梅《うめ》びしほ**で和《あ》へるのです』

記者『**梅《うめ》びしほ**はどうして拵《こしら》へます？』

夫人『漬物屋《つけものや》で売《う》つて居《い》るのをお買《か》ひなされば一番《ばん》無造作《むぞうさ》ですが、家《うち》で手軽《てがる》に拵《こしら》へるのは先《ま》づ梅干《うめぼし》を裏漉《うらごし》にしてその中《なか》へお砂糖《さとう》と濃《こ》い葛湯《くずゆ》を少《すこ》し加《くわ》へて擂鉢《すりばち》でよく擂《す》ります。それで慈姑《くわい》を和《あ》へても宜《よ》うございます』

記者『**梅《うめ》びしほ**は沢山《たくさん》拵《こしら》へて置《お》くと御飯《ごはん》のおかずになつて大層便利《たいそうべんり》ですが、今《いま》の通《とお》りな拵《こしら》へ方《かた》で宜《よ》うございますか？』

夫人『**梅《うめ》びしほ**として永《なが》く置《お》くには今《いま》のものを火《ひ》にかけて、煉《ね》りながら煮詰《につ》めま

す』

嫁菜《よめな》飯《めし》は如何《いか》に造《つく》るか

記者『三月《がつ》になりますと追々《おいおい》摘草《つみくさ》が出来《でき》ます。摘草《つみくさ》の中《なか》でも嫁菜《よめな》は匂《にお》ひも高《たか》し、味《あじ》も宜《よ》うございますが何《なに》か変《かわ》つた御料理法《おりょうりほう》がありますか？』

夫人『嫁菜飯《よめなめし》と云《い》つて御飯《ごはん》に炊《た》いたのも結構《けっこう》ですよ』

記者『嫁菜《よめな》の御飯《ごはん》とは珍《めず》らしいものですネ、早速試《さっそくた》めしませうがそれはどうして拵《こしら》へます？』

夫人『先《ま》づ普通《ふつう》の御飯《ごはん》へ塩味《しおあじ》をつけて炊《た》きます。嫁菜《よめな》の方《ほう》は鍋《なべ》で湯《ゆ》を沸《わ》かして、湯《ゆ》が沸《わ》いた所《ところ》へ塩《しお》を少《すこ》し入《い》れて嫁菜《よめな》をゆでます。ゆだつたら水《みず》でゆすいで極《ご》く固《かた》く絞《しぼ》ります。それを細《こま》かく刻《きざ》んで御飯《ごはん》をお櫃《ひつ》へ移《うつ》す時《とき》よく混《ま》ぜます』

記者『成程《なるほど》さうしたら嫁菜《よめな》の匂《にお》ひと味《あじ》が御飯《ごはん》へしみて嘸《さぞ》美味《おい》しくなりせうネ』

夫人『御飯《ごはん》を炊《た》きかけてから嫁菜《よめな》をゆでゝ御飯《ごはん》の出来《でき》る時分《じぶん》に刻《きざ》むやうな順序《じゅんじょ》にし

ませんと刻《きざ》んだ嫁菜《よめな》を永《なが》く置《お》けば匂《にお》ひが抜《ぬ》けます』

記者『そこが少々《しょうしょう》工合《ぐあい》ものですネ。嫁菜《よめな》は**おしたし**か胡麻《ごま》**よごし**にする外《ほか》には新工《しんく》風《ふう》は御座《ござ》いませんか?』

夫人『嫁菜《よめな》を前《まえ》の様《よう》に塩湯《しおゆ》でゆでゝ固《かた》く絞《しぼ》つて刻《きざ》みます。**フライ**鍋《パン》で**バター**を溶《と》かして刻《きざ》んだ嫁菜《よめな》をよくいためます。それへ塩《しお》で味《あじ》をつけて半熟玉子《はんじゅくたまご》を乗《の》せて出《だ》すのも結構《けっこう》です』

記者『半熟玉子《はんじゅくたまご》はこの前《まえ》の**ホウレン**草料理《そうりょうり》に伺《うかが》つた通《とお》り、熱湯《にえゆ》の中《なか》へ玉子《たまご》を割《わ》つて落《おと》して半熟《はんじゅく》にしたのですか?』

夫人『左様《さよう》です。その通《とお》りで宜《よ》いのですが、しかし同《おな》じ玉子《たまご》でも上等《じょうとう》のを御使《おつか》ひになりませんと味《あじ》が悪《わる》うございます』

玉子《たまご》は如何《いか》に択《えら》ぶか

記者『同《おな》じ玉子《たまご》でも上等《じょうとう》と下等《かとう》がありますか?』

夫人『はい、玉子《たまご》は今《いま》まで大《おお》きいのを上等《じょうとう》としてありますが、委《くわ》しく調《しら》べますと大《おお》きいのにも悪《わる》いのがありますし、小《ちい》さいのにも善《よ》いものがあります。勿論《もちろん》古《ふる》い玉子《たまご》より新《あたら》しい玉子《たまご》が優《まさ》つて居《い》るに違《ちが》ひありませんけれども、同《おな》じ新《あたら》しい玉子《たまご》でも目方《めかた》をかけて見《み》ると重《おも》いのと軽《かる》いのがあります』

記者『初《はじ》めてそんな事《こと》を伺《うかが》ひました。世間《せけん》でも滅多《めった》に玉子《たまご》の目方《めかた》を量《はか》る人《ひと》はありますまい』

夫人『それは食物《しょくもつ》に対《たい》する注意《ちゅうい》が足《た》りないからです。同《おな》じ大《おお》きさの玉子《たまご》を量《はか》つても十三匁《もんめ》から十四匁位《もんめくらい》のがありますし、十六七匁《もんめ》かゝるのもあります。重《おも》い方《ほう》は鶏《とり》の食物《たべもの》が上等《じょうとう》で玉子《たまご》に栄養分《えいようぶん》が多《おお》いのですし、軽《かる》いのは栄養分《えいようぶん》が少《すく》ないのです』

記者『御宅《おたく》では鶏《にわとり》を沢山《たくさん》お飼《か》ひですから一々さう云《い》ふ試験《しけん》が出来《でき》ませうネ？』

夫人『はい、宅《たく》の鶏《にわとり》でも動物質《どうぶつしつ》の上等《じょうとう》の食物《たべもの》を与《あた》へた時《とき》は重《おも》い玉子《たまご》を産《う》みますし、食物《たべもの》の悪《わる》い時《とき》は軽《かる》い玉子《たまご》を産《う》みます。支那《しな》の鶏《にわとり》は粗悪《そあく》な食物《たべもの》で飼《か》ひますから試《こころ》みに上海《しゃんはい》玉子《たまご》と云《い》ふ玉子《たまご》を市中《しちゅう》で買《か》つて目方《めかた》を量《はか》つて御覧《ごらん》なさい。その軽《かる》いことは驚《おどろ》くばかりですよ』

記者『古《ふる》い玉子《たまご》と新《あたら》しい玉子《たまご》では勿論《もちろん》目方《めかた》が違《ちが》ひませうネ』

夫人『古《ふる》くなると水分《すいぶん》が減《へ》りますから目方《めかた》が軽《かる》くなります』

記者『玉子《たまご》の中《なか》ではどう云《い》ふのが一番《ばん》味《あじ》が宜《よ》うございます？』

夫人『無精卵《むせいらん》と云《い》つて孵化力《ふかりょく》のない玉子《たまご》が美味《おい》しうございます』

記者『無精卵《むせいらん》とは雌《めん》ばかりで産《う》んだのですか？』

夫人『左様《さよう》です、雌《めん》と雄《おん》と一緒《しょ》に置《お》いても寒中《かんちゅう》は多《おお》く無精卵《むせいらん》を産《う》みますからそれで寒玉子《かんたまご》は味《あじ》が宜《よ》いと申《もう》します』

記者『無精卵《むせいらん》は味《あじ》の宜《よ》い外《ほか》に何《なに》か効能《こうのう》がありますか？』

夫人『無精卵《むせいらん》は永《なが》く置《お》いても腐敗《ふはい》しません』

玉子《たまご》は如何《いか》に貯蔵《ちょぞう》すべきか

記者『春《はる》は玉子《たまご》が沢山《たくさん》ありますけれども夏《なつ》になると欠乏《けつぼう》して値段《ねだん》が非常《ひじょう》に高《たか》くなります。春《はる》の玉子《たまご》を夏《なつ》まで置《お》いて腐敗《ふはい》させない工風《くふう》がありますか？』

夫人『はい、あります。先《ま》づ瓶《かめ》の中《なか》で水《みず》一升《しょう》、生石灰《きいしばい》五十目《め》を混《ま》ぜてその中《なか》へ産《う》み立《た》ての玉子《たまご》を入《い》れます。それを縁《えん》の下《した》の涼《すず》しい所《ところ》へ置《お》きますと土用《どよう》を越《こ》しても腐《くさ》りません。一年位《ねんくらい》は慥《たし》かに保《も》ちます。これは私《わたくし》どもで毎度《まいど》試験《しけん》した事《こと》ですから間違《まちが》ひはありません』

記者『生石灰《きいしばい》と云《い》ふのは普通《ふつう》の石灰《いしばい》と違《ちが》ひますか？』

夫人『大違《おおちが》ひです。普通《ふつう》の風化《ふうか》した石灰《いしばい》を使《つか》つては何《なん》の効《こう》もありません。ブリキ缶《かん》へ詰《つ》めて密封《みっぷう》してある生石灰《きいしばい》を使《つか》はなければいけません。石灰《いしばい》は少《すこ》しでも空気《くうき》にあてると直《じ》きに風化《ふうか》して役《やく》に立《た》たなくなります』

ムツは如何《いか》に料理《りょうり》すべきか

記者『東京《とうきょう》にはこの**ムツ**と云《い》ふ魚《さかな》が沢山《たくさん》ありますが、あれは何《なん》にしても味《あじ》が悪《わる》くていけませんネ』

夫人『俗《ぞく》に三月《がつ》**ムツ**は犬《いぬ》も食《た》べないと云《い》ふ位《くらい》ですが、しかし料理方《りょうりかた》によつて美味《おい》しく食《た》べられないこともありません。それに就《つ》いて奇談《きだん》があります。故陸奥宗光《こむつむねみつ》伯《はく》が存生中《ぞんせいちゅう》料理番《りょうりばん》が黙《だま》つて**ムツ**の九年母漬《くねんぼづけ》を差上《さしあ》げました。陸奥伯《むつはく》が大層悦《たいそうよろこ》んでこれは何《なん》と云《い》ふ魚《さかな》だと聞《き》かれた時《とき》、料理番《りょうりばん》は**ムツ**でございとも云《い》ひかねて、奥州《おうしゅう》でございと答《こた》へたさうです。それから陸奥《むつ》さんのお屋敷《やしき》では此魚《このさかな》を**ムツ**と云《い》はないで奥州《おうしゅう》と云《い》ふさうです』

記者『あはゝゝそれでは本元《ほんもと》の奥州《おうしゅう》へ行《い》つたら何《なん》と云《い》ひませう？』

夫人『奥州《おうしゅう》の仙台《せんだい》では六《ろく》の魚《うお》と申《もう》します』

記者『**ムツ**の九年母《ねんぼ》漬《づけ》とはどうしたお料理《りょうり》ですか？』

夫人『それは**ムツ**の皮《かわ》を剝《む》いて身《み》ばかりブツブツと切《き》ります。それを一旦《たん》酢《す》で洗《あら》ひます。別《べつ》の皿《さら》へ外《ほか》の酢《す》を入《い》れて少《すこ》し塩《しお》を加《くわ》へてその中《なか》へ九年母《ねんぼ》の皮《かわ》を山葵卸《わさびおろ》しで擂《す》り卸《おろ》します。**ムツ**の身《み》をその中《なか》へ入《い》れて和《あ》へて出《だ》しますとなか〳〵美味《おい》しく食《た》べられます』

記者『同《おな》じ**ムツ**でも大層味《たいそうあじ》の宜《よ》いのと、味《あじ》の悪《わる》いのがありますがあれは取《と》れ場所《ばしょ》で違《ちが》ふのでせうか？』

夫人『**ムツ**は取《と》れ場所《ばしょ》で大層味《たいそうあじ》が違《ちが》ひます。東京《とうきょう》には三浦《みうら》の**ムツ**が多《おお》くつて小田原《おだわら》の**ムツ**が少《すく》なうございますが小田原《おだわら》の**ムツ**は大層味《たいそうあじ》が宜《よ》うございます。三浦《みうら》の**ムツ**は刺身《さしみ》にしては食《た》べられませんけれども小田原《おだわら》の**ムツ**は刺身《さしみ》にして結構《けっこう》に戴《いただ》けます』

記者『九年母漬《ねんぼづけ》の外《ほか》には何《なん》のお料理《りょうり》が宜《よ》うございませう？』

夫人『**ムツ**は**フライ**にすると結構《けっこう》です。それには**ムツ**の切身《きりみ》に塩《しお》をあてゝ布巾《ふきん》の上《うえ》へ置《お》いて水気《みずけ》を切《き》つて**メリケン**粉《こ》をまぶします。それを玉子《たまご》の黄身《きみ》へ転《ころ》がして

パン粉《こ》をつけて**ラード**か**サラダ**油《ゆ》の中《なか》で**フライ**にしますと味《あじ》が軽《かる》くなります』

記者『まだ外《ほか》にありませんか？』

夫人『**ムツ**の味噌《みそ》漬《づけ》も宜《よ》うございます。それには**ムツ**の切身《きりみ》を半紙《はんし》で巻《ま》いて味噌《みそ》へ漬《つ》けますが、味噌《みそ》の方《ほう》は丁寧《ていねい》にすると一旦《たん》裏漉《うらご》しにして醤油《しょうゆ》と味醂《みりん》で味《あじ》をつけます』

比目《ひらめ》の煮凍《にこご》りは如何《いか》に造《つく》るか

記者『今頃《いまごろ》は比目《ひらめ》も沢山《たくさん》ありますがあれにも変《かわ》つたお料理《りょうり》がありませうか？』

夫人『左様《さよう》ですネ。比目《ひらめ》の煮凍《にこご》りなんぞは変《かわ》つて居《い》て面白《おもしろ》うございませう』

記者『寒《さむ》い晩《ばん》には煮凍《にこご》りも楽《らく》に出来《でき》ますが、そろ〳〵暖《あたた》かくなりますと凍《こお》らせることが六《むず》かしうございますネ』

夫人『いゝえ、私《わたし》の申《もう》す煮凍《にこご》りは夏《なつ》の土用中《どようちゅう》でも出来《でき》ます』

記者『それは調法《ちょうほう》ですネ、どうして拵《こしら》へます？』

夫人『先《ま》づ比目《ひらめ》の身《み》を小《ちい》さく切《き》つて置《お》きます。鍋《なべ》の中《なか》へ水《みず》一杯《ぱい》と醤油《しょうゆ》一杯味醂《ばいみりん》一杯《ぱい》との割《わり》で入《い》れてその汁《しる》で比目《ひらめ》の身《み》を煮《に》ます。煮《に》えた時《とき》一旦《たん》身《み》を揚《あ》げてその汁《しる》が一合《ごう》あつたら例《れい》の**ゼラチン**四枚《まい》を一時間前《じかんまえ》から水《みず》に漬《つ》けて置《お》いてそれを汁《しる》の中《なか》へ入《い》れて煮立《にた》てます。**ゼラチン**がよく溶《と》けたらその中《なか》へ魚《さかな》の身《み》を混《ま》ぜて四角《かく》な器《うつわ》へ移《うつ》して置《お》きますと寒《さむ》い時分《じぶん》なら二三間《かん》で煮凍《にこご》りになります。夏《なつ》の暑《あつ》い時《とき》なら氷《こおり》の中《なか》で固《かた》めると造作《ぞうさ》もありません』

筍《たけのこ》は如何《いか》に択《えら》ぶか（四月記）

記者『今月《こんげつ》は筍《たけのこ》のお料理《りょうり》を伺《うかが》ひ度《た》いものですネ』
夫人『筍《たけのこ》は貴方《あなた》のお国《くに》が本場《ほんば》ですから貴方《あなた》の方《ほう》がお委《くわ》しいでせう？　東京名物《とうきょうめいぶつ》の目《め》黒《ぐろ》の筍《たけのこ》も元《もと》は鹿児島《かごしま》の竹《たけ》を移《うつ》したものださうですね』
記者『左様《さよう》ですか。それなら少《すこ》し鼻《はな》の高《たか》いやうな気《き》がします。併《しか》し筍《たけのこ》の味《あじ》は何所《どこ》のが一番宜《ばんよ》いでせう？』

夫人『鹿児島《かごしま》の筍《たけのこ》は存《ぞん》じませんが京都《きょうと》の筍《たけのこ》は一番味《ばんあじ》が宜《よ》いやうです。その次《つぎ》は目黒《めぐろ》辺《へん》のも中々結構《なかなかけっこう》です』

記者『筍《たけのこ》の味《あじ》は何《ど》うしたのが一番美味《ばんおい》しいでせう？』

夫人『極《ご》く贅沢《ぜいたく》な人《ひと》は竹藪《たけやぶ》の中《なか》にお料理《りょうり》の道具《どうぐ》を持《も》つて行《い》つて掘《ほ》つたのを直《す》ぐお料《りょう》理《り》にするさうですがさうすればほんとの味《あじ》が知《し》れませう。さもなくても竹藪《たけやぶ》の持主《もちぬし》に頼《たの》んで、掘《ほ》つたのを直《す》ぐに届《とど》けて貰《もら》つても八百屋《やおや》で買《か》つたのより大層味《たいそうあじ》が宜《よ》うございます。八百屋《やおや》の持《も》つて来《く》る筍《たけのこ》は前《まえ》の日《ひ》に掘《ほ》つたものを一晩《ひとばん》置《お》いて翌朝市場《よくあさいちば》へ出《だ》す時《とき》、水《みず》をザブリとかけることが多《おお》いやうですから筍《たけのこ》の味《あじ》が余程《よほど》抜《ぬ》けます』

記者『それでも私《わたくし》どもは八百屋《やおや》の品物《しなもの》を買《か》ふより外《ほか》に手段《しゅだん》がありません。八百屋《やおや》の筍《たけのこ》を買《か》ふ時《とき》何《なに》か心得《こころえ》がありませうか？』

夫人『左様《さよう》ですね、八百屋《やおや》からお買《か》ひなさるにしても成《な》るたけ根《ね》の欠《か》けたやうな柔《やわら》かいのをお択《よ》りなさい、根《ね》の欠《か》けた筍《たけのこ》は値段《ねだん》も安《やす》うございますが必《かなら》ず柔《やわら》かいものです。つまり柔《やわら》かいから掘《ほ》る時《とき》に根《ね》が欠《か》けるのです。よく出来《でき》た筍《たけのこ》ほど欠《か》けたり折《お》れたりしますから掘《ほ》る時《とき》に困難《こんなん》だと申《もう》します』
記者『筍《たけのこ》には皮《かわ》が白《しろ》みがゝつたのと、黒《くろ》みがゝつたのとがあるやうですが、どちらが宜《よ》いでせう？』
夫人『筍《たけのこ》は白《しろ》い方《ほう》が柔《やわら》かいものです』

筍《たけのこ》は如何《いか》にゆでるか

記者『筍《たけのこ》は皮《かわ》を剥《む》いてゆでる人《ひと》と、剥《む》かずにゆでる人《ひと》がありますがどちらが宜《よ》いでせう？』
夫人『筍《たけのこ》は決《けっ》して皮《かわ》を剥《む》いてゆでるものではありません。皮《かわ》を剥《む》いてゆでると硬《かた》くもなりますし、味《あじ》も抜《ぬ》けます』
記者『では皮《かわ》の付《つ》いた侭《まま》ゆでますか？　さうするとあんまり長《なが》くつてお釜《かま》へ入《はい》りますまい』

夫人『あんまり大《おお》きくつて長《なが》ければ頭《あたま》の方《ほう》を皮《かわ》ともに切《き》つて二《ふた》つにしてお入《い》れなさい』

記者『筍《たけのこ》は水《みず》ばかりでゆでますか？』

夫人『いゝえ、水《みず》の中《なか》へ糠《ぬか》を沢山《たくさん》入《い》れてゆでます。さうすると筍《たけのこ》が大層《たいそう》柔《やわら》かくなりますし、**エゴ**味《み》も取《と》れます。しかしお断《ことわ》り申《もう》して置《お》くのは筍《たけのこ》に限《かぎ》つてゆだつたのを直《す》ぐに釜《かま》から出《だ》してはいけません。釜《かま》の湯《ゆ》の冷《さ》めるまでその侭置《ままお》いて冷《さ》めたら筍《たけのこ》を出《だ》して皮《かわ》を剝《む》きます。成《な》るべくなら一晩《ひとばん》其侭置《そのままお》いて翌朝《よくあさ》釜《かま》から出《だ》して皮《かわ》を剝《む》くと尚宜《なおよ》うございます』

記者『若《も》しも皮《かわ》を剝《む》いてあつたら何《ど》うしてゆでるのが宜《よ》うございませう？』

夫人『皮《かわ》を剝《む》いた筍《たけのこ》なら矢《や》つ張《ば》り糠《ぬか》でゆでゝも宜《よ》うございますが、糠《ぬか》がない時《とき》には大切《おおぎ》れの昆布《こんぶ》を入《い》れて共《とも》にゆでますと筍《たけのこ》も大層柔《たいそうやわら》かくなりますし、昆布《こんぶ》も溶《と》けるやうに柔《やわら》かになります。それを双方共《そうほうとも》に煮《に》て食《た》べると大層消化《たいそうしょうか》が宜《よ》いさうです』

記者『まだ外《ほか》にゆでる法《ほう》がありますか？　鹿児島《かごしま》では**ヱビ**のある筍《たけのこ》をゆでる時《とき》は爐《ろ》の灰《はい》を入《い》れますが』

夫人『おや〳〵、**ヱビ**のある筍《たけのこ》とは川《かわ》の蝦《えび》でも筍《たけのこ》について居《い》ますか？』

記者『あはゝゝ、ツイ国言葉《くにことば》が出《で》ました、**ヱビ**とは**イガラ**つぽいことです』

夫人『**イガラ**つぽいとは東京《とうきょう》で云《い》ふ**ヱゴ**いことです。筍《たけのこ》の**ヱゴ**味《み》を取《と》るにはゆでる時《とき》唐辛子《とうがらし》を一《ひと》つ入《い》れても宜《よ》うございますが、併《しか》し糠《ぬか》でゆでればそれで沢山《たくさん》です』

筍《たけのこ》は如何《いか》に煮《に》るか

記者『筍《たけのこ》は随分《ずいぶん》消化《しょうか》の悪《わる》いものださうですがそれを衛生的《えいせいてき》にお料理《りょうり》する方法《ほうほう》がありますか？』

夫人『筍《たけのこ》をよく消化《しょうか》する様《よう》に煮《に》るのは前《まえ》にも申《もう》した通《とお》り昆布《こんぶ》か若布《わかめ》を入《い》れるのに限《かぎ》ります』

記者『ゆでる時《とき》に入《い》れなければ煮《に》る時《とき》に入《い》れますか？』

夫人『煮《に》る時《とき》に入《い》れても筍《たけのこ》の力《ちから》で昆布《こんぶ》が早《はや》く柔《やわら》かになります。先《ま》づゆでた筍《たけのこ》を小《ちい》さく切《き》つて昆布《こんぶ》の方《ほう》も小《ちい》さく切《き》つて美味《おい》しい煮汁《だし》で気永《きなが》に煮《に》ますと、味《あじ》もよくなりますし、双方共《そうほうとも》に柔《やわら》かになります』

記者『妙《みょう》ですね、昆布《こんぶ》の方《ほう》には筍《たけのこ》を柔《やわら》かくする力《ちから》があり、筍《たけのこ》の方《ほう》には昆布《こんぶ》を柔《やわら》かくする力《ちから》があるのですね』

夫人『全《まった》く左様《さよう》だと見《み》えます。若布《わかめ》も同《おな》じ事《こと》です』

記者『消化《しょうか》をよくする法《ほう》は伺《うかが》ひましたが、味《あじ》をよくするには何《なに》を入《い》れたが宜《よ》いでせう？』

夫人『豚《ぶた》を入《い》れて煮《に》ると大層味《たいそうあじ》がよくなります』

記者『それは何《ど》う云《い》ふ風《ふう》に致《いた》しますか？』

夫人『筍《たけのこ》の方《ほう》はよくゆでたものを小《ちい》さな短冊《たんざく》に切《き》つて置《お》きます。豚《ぶた》の方《ほう》は三枚肉《まいにく》でも赤肉《あかにく》でも宜《よ》うございますけれどもそれを小《ちい》さく切《き》つて塩《しお》を振《ふ》りかけて揉《も》んでザットゆでます。鍋《なべ》の中《なか》へ水《みず》を大匙《おおさじ》十杯《ぱい》に上等《じょうとう》のお酒《さけ》大匙《おおさじ》一杯《ぱい》の割《わり》で入《い》れて前《まえ》の筍《たけのこ》と豚《ぶた》を一時間《じかん》ほど煮《に》ます。それからお砂糖《さとう》と醤油《しょうゆ》で味《あじ》をつけて又暫《またしば》らく煮《に》て出《だ》します』

記者『豚《ぶた》の外《ほか》には何《なに》が合《あ》ひませう?』

夫人『鯛《たい》の**アラ**と煮《に》たのも結構《けっこう》です。それは先《ま》づ鯛《たい》の**アラ**を旨煮《うまに》にして置《お》いてその煮汁《だし》で筍《たけのこ》を煮《に》ます。出《だ》す時《とき》に双方《そうほう》をつけ合《あわ》せにします』

記者『まだ外《ほか》に変《かわ》つたお料理《りょうり》はありませんか?』

夫人『筍《たけのこ》の中《なか》へ牛肉《ぎゅうにく》を詰《つ》めたのは風変《ふうがわ》りなお料理《りょうり》です。それには極《ごく》く可愛《かわい》らしい筍《たけのこ》を用《もち》ゐますが、それは例《れい》の通《とお》り皮付《かわつき》の侭糠《ままぬか》でゆでます。皮《かわ》を剝《む》いたら根《ね》の方《ほう》を切《き》り取《と》つて中《なか》を切《き》り抜《ぬ》きます。牛肉《ぎゅうにく》の方《ほう》は一斤位《きんぐらい》を肉挽器械《にくひききかい》で挽《ひ》けば上等《じょうとう》です し、細《こま》かく刻《きざ》んで包丁《ほうちょう》で叩《たた》いても宜《よ》うございます。別《べつ》に**パン**一切《ひときれ》を水《みず》に漬《つ》けて固《かた》く絞《しぼ》つて擂鉢《すりばち》へ入《い》れます。そこへ牛肉《ぎゅうにく》を入《い》れて生玉子《なまたまご》を一《ひと》つ加《くわ》へてホンの少《すこ》しの味醂《みりん》と塩《しお》で味《あじ》をつけてよく擂《す》り交《ま》ぜます。それを筍《たけのこ》の中《なか》へ詰《つ》めて切口《きりくち》へメリケン粉《こ》を叩《たた》きつけます。それを美味《おい》しい煮汁《だし》の中《なか》へ入《い》れて一時間《じかん》ばかり弱《よわ》い火《ひ》で煮《に》ますが、煮汁《だし》は筍《たけのこ》を覆《おお》ふほど沢山《たくさん》なければいけません』

筍飯《たけのこめし》は如何《いか》につくるか

記者『筍時分《たけのこじぶん》には何所《どこ》でも筍飯《たけのこめし》を炊《た》きますがあれには何《なに》か変《かわ》つたものがありませうか？』

夫人『筍《たけのこ》の御飯《ごはん》は昆布煮汁《こんぶだし》でお炊《た》きになると、味《あじ》も宜《よ》うございますし、消化《しょうか》も早《はや》いさうです』

記者『昆布煮汁《こんぶだし》の筍飯《たけのこめし》は何《ど》う云《い》ふ風《ふう》に拵《こしら》へます？』

夫人『先《ま》づ昆布煮汁《こんぶだし》を取《と》りますのは俗《ぞく》に煮汁昆布《だしこんぶ》と云《い》ふ板《いた》のやうな昆布《こんぶ》一枚《まい》へ水《みず》三升程《じょうほど》を加《くわ》へて、それを半分《はんぶん》ですから一升五合位《しょうごうくらい》に煮詰《につ》めます。筍《たけのこ》の方《ほう》は細《こま》かく刻《きざ》んで醤油《しょうゆ》と味醂《みりん》でザツト下煮《したに》をして置《お》きます。その汁《しる》が残《のこ》りますからその汁《しる》を昆布煮汁《こんぶだし》の中《なか》へ入《い》れてお酒《さけ》を五勺《しゃく》ほど加《くわ》へます。味《あじ》がまだ足《た》りなければ醤《しょう》油《ゆ》を加《くわ》へて丁度《ちょうど》桜飯《さくらめし》を炊《た》くやうな加減《かげん》に致《いた》します。そこへお米《こめ》と筍《たけのこ》を一緒《しょ》に入《い》れて炊《た》きます』

記者『それでよく筍《たけのこ》が御飯《ごはん》にまざりませうか？』

夫人『いゝえ、筍《たけのこ》は上《うえ》の方《ほう》へ浮《う》きますからお櫃《ひつ》へ移《うつ》す時《とき》杓子《しゃくし》でよく掻《か》き交《ま》ぜます』

記者『それは嘸《さぞ》美味《おい》しうございませう。その外《ほか》にもつともつと頬《ほほ》の落《お》ちる程《ほど》美味《おい》しい御馳走《ごちそう》はありませんか？』

夫人『筍《たけのこ》の御飯《ごはん》はまだまだ上等《じょうとう》の拵《こしら》へ方《かた》があります』

記者『それを少々伺《しょうしょううかが》ひ度《た》いものです』

夫人『今《いま》の通《とお》りに用意《ようい》したものへ鳥《とり》の生肉《なまにく》を刻《きざ》んで筍《たけのこ》と一緒《しょ》に入《い》れて炊《た》いても結構《けっこう》ですし、刻《きざ》んだ椎茸《しいたけ》を筍《たけのこ》と一緒《しょ》に煮《に》て御飯《ごはん》へ入《い》れて炊《た》いても宜《よ》うございますし、そこへ蒲鉾《かまぼこ》の刻《きざ》んだのを加《くわ》へるとなほ味《あじ》がよくなります。もつと上等《じょうとう》にしますとゆでた蝦《えび》の身《み》を刻《きざ》んで蒲鉾《かまぼこ》のかはりに入《い》れます』

記者『成《な》る程《ほど》それでは頬《ほお》が落《お》ちるかもれません』

潮干《しおひ》の獲物《えもの》は如何《いか》に料理《りょうり》するか

記者『私《わたくし》は潮干《しおひ》が好《す》きで花見《はなみ》よりも海《うみ》の方《ほう》へ出《で》たがりますが、さて蛤《はまぐり》だの浅蜊《あさり》だのを沢山《たくさん》取《と》つて帰《かえ》りますとそのお料理方《りょうりかた》に困《こま》ります。蛤《はまぐり》や浅蜊《あさり》は何《ど》んな風《ふう》にお料《りょう》理《り》したら宜《よ》いものでせうか？』

夫人『先《ま》づ浅蜊《あさり》の方《ほう》から申《もう》しませう。浅蜊《あさり》は味噌煮《みそに》が美味《おい》しいものですがそれには浅蜊《あさり》を殻《から》のまゝよく洗《あら》つて、少《すこ》しの水《みず》でザツとゆでます。浅蜊《あさり》が口《くち》を開《あ》いたら殻《から》から身《み》を取《と》ります。今《いま》のゆで汁《じる》を一旦《たん》し漉《こ》て又《また》鍋《なべ》へ入《い》れて、小《ちい》さく切《き》つた葱《ねぎ》をゆでます。葱《ねぎ》が柔《やわら》かくなつた時《とき》浅蜊《あさり》の身《み》を入《い》れてお味噌《みそ》と醤油《しょうゆ》で味《あじ》をつけて煮《に》ますが、その割合《わりあい》はお味噌《みそ》七分《ぶ》に醤油《しょうゆ》三分《ぶ》位《くらい》が丁度《ちょうど》宜《よ》うございます』

記者『お味噌《みそ》は粒《つぶ》の侭《まま》入《い》れますか？』

夫人『手軽《てがる》にすれば粒《つぶ》の侭《まま》包丁《ほうちょう》で叩《たた》いて入《い》れても宜《よ》うございますが丁寧《ていねい》にすれば一旦《たん》擂《す》つて裏漉《うらご》しにして入《い》れます』

記者『浅蜊《あさり》は手軽《てがる》な西洋料理《せいようりょうり》になりますか？』

夫人『浅蜊《あさり》の**シチュー**が結構《けっこう》です。それには前《まえ》の通《とお》りに浅蜊《あさり》をザッとゆでゝ殻《から》から身《み》を出《だ》します。ゆで汁《じる》も漉《こ》して置《お》きます。鍋《なべ》で大匙《おおさじ》一杯《ぱい》の**バター**を溶《と》かして大《おお》匙《さじ》一杯《ぱい》の**メリケン**粉《こ》を入《い》れて杓子《しゃくし》でよく掻《か》き回《まわ》していためると**メリケン**粉《こ》が狐《きつね》色《いろ》になります。そこへ前《まえ》のゆで汁《じる》と牛乳《ぎゅうにゅう》とを等分《とうぶん》にして二合《ごう》ほど加《くわ》へたら塩胡《しおこ》椒《しょう》で味《あじ》をつけます。味《あじ》がついた所《ところ》で浅蜊《あさり》の身《み》を入《い》れて十分間程《ぶんかんほど》煮《に》て出《だ》します。これは暖《あたた》かい御飯《ごはん》の上《うえ》にかけて出《だ》しても宜《よ》うございます』

蛤《はまぐり》の料理《りょうり》は何《なに》が宜《よ》きか

記者『蛤《はまぐり》の方《ほう》は何《ど》んなお料理《りょうり》がございます？』

夫人『蛤《はまぐり》は西洋風《せいようふう》の**ロース**にすると美味《おい》しくなりますが、それには大《おお》きな蛤《はまぐり》を貝《かい》の侭《まま》**テンパン**へのせて**テンピ**の中《なか》で火《ひ》を強《つよ》くして焼《や》きます。蛤《はまぐり》が口《くち》を開《あ》いた時《とき》**バター**を少《すこ》しづゝ入《い》れてその侭《まま》暫《しば》らく焼《や》きますと**バター**が浸《し》みて味《あじ》が大層《たいそう》よくなります』

記者『それは定《さだ》めし美味《おい》しいでせうが**テンピ**のない家《うち》では困《こま》りますね』

夫人『**テンピ**がなければ何《なん》でゞも出来《でき》ます。薄《うす》い鍋《なべ》を火《ひ》にかけてその中《なか》へ蛤《はまぐり》を入《い》れて蓋《ふた》をすると直《じ》きに口《くち》を開《あ》きますからそこへ**バター**をさして、又蓋《またふた》をして暫《しば》らく焼《や》いても宜《よ》うございます。それから蛤《はまぐり》は浅蜊《あさり》の通《とお》りな**シチユー**にしても宜《よ》うございます』

記者『まだそんなお料理《りょうり》がありますか？』

夫人『手軽《てがる》なのは斯《こ》うするのもあります。それは大《おお》きな蛤《はまぐり》の身《み》を出《だ》し、小《ちい》さく刻《きざ》みます。その刻《きざ》んだ身《み》を又蛤《またはまぐり》の貝《かい》の中《なか》へ詰《つ》めて塩胡椒《しおこしょう》を振《ふ》ります。その上《うえ》へ**パン**粉《こ》をかけて**バター**を乗《の》せて**テンピ**の中《なか》で焼《や》いてもよし、前《まえ》の様《よう》に薄《うす》い鍋《なべ》の中《なか》で焼《や》いても宜《よ》うございます』

記者『蛤《はまぐり》の日本料理《にほんりょうり》を伺《うかが》ひ度《た》いものですね』

夫人『手軽《てがる》なのは蛤《はまぐり》の**チリ**でせう。それは蛤《はまぐり》の身《み》を煮立《にた》つて居《い》る湯《ゆ》の中《なか》へちよいと入《い》れて熱《あつ》いところを三杯《ばい》酢《ず》へつけて揉海苔《もみのり》をかけて食《た》べます。蛤《はまぐり》は豚《ぶた》とよく合《あ》ひますが、先《ま》づ豚《ぶた》の三枚肉《まいにく》をよくゆでゝ小《ちい》さく切《き》つて酒《さけ》と砂糖《さとう》と醤油《しょうゆ》で暫《しば》らく煮《に》ます。蛤《はまぐり》の方《ほう》はあまり大《おお》きくないのを布巾《ふきん》で包《つつ》んで水気《みずけ》をよく切《き》ります。それを上等《じょうとう》にすれば**バター**でいためますが、胡麻《ごま》の油《あぶら》でいためても宜《よ》うございます。いためた蛤《はまぐり》を豚《ぶた》の中《なか》へ入《い》れて又《また》少《すこ》し煮《に》ますとそれはそれは美味《おい》しい御馳走《ごちそう》が出来《でき》ます』

鰆《さわら》は如何《いか》に料理《りょうり》するか

記者『春《はる》は鰆《さわら》のシユンですが何《なに》か手軽《てがる》なお料理《りょうり》はありませんか?』

夫人『鰆《さわら》の黄身焼《きみやき》と申《もう》すのは醤油《しょうゆ》五勺《しゃく》の中《なか》へ砂糖《さとう》を少《すこ》し加《くわ》へて玉子《たまご》の黄身《きみ》二《ふた》つをよく掻《か》き交《ま》ぜて置《お》きます。鰆《さわら》の切身《きりみ》を一時間《じかん》程《ほど》その中《なか》へ漬《つ》けて火《ひ》の上《うえ》で今《いま》の汁《しる》をかけながらよく焼《や》きます』

記者『その外《ほか》には?』

夫人『鰆《さわら》の照焼《てりやき》は誰《だれ》でも御存《ごぞん》じでせうがあれも醤油《しょうゆ》の中《なか》へ味醂《みりん》と水飴《みずあめ》を加《くわ》へると味《あじ》が宜《よ》うございます。それから鰆《さわら》の**フライ**も結構《けっこう》です』

記者『それは何《ど》う致《いた》します？』

夫人『鰆《さわら》を宜《い》い加減《かげん》の切身《きりみ》にして塩《しお》を振《ふ》つて暫《しば》らく置《お》いて、**メリケン**粉《こ》を叩《たた》きつけます。それを玉子《たまご》でくるんで**パン**粉《こ》をつけて**ラード**か**バター**であげるのです』

記者『いろ〱有難《ありがと》うございました、来月《らいげつ》はまた珍《めず》らしいお料理談《りょうりだん》を伺《うかが》ひに上《あが》りますから、今《いま》からお心《こころ》がけおきを願《ねが》ひます』

蕨《わらび》と薇《ぜんまい》は如何《いか》なる効能《こうのう》あるか（五月記）

記者『もうそろ〱山《やま》へ行《い》くと蕨《わらび》や薇《ぜんまい》が出《で》ますがあれを沢山《たくさん》取《と》つて来《き》ても食《た》べ方《かた》に困《こま》ります。さうしてあんな繊維質《せんいしつ》のものは定《さだ》めて不消化《ふしょうか》でせうから食物《しょくもつ》としては何《なん》の価値《かち》もありますまいね？』

夫人『いえ何《ど》ういたしまして、季節《きせつ》によつて山《やま》や野《の》に生長《せいちょう》するものは必《かなら》ず何《なに》かの効《こう》能《のう》があるもので食物《しょくもつ》として価値《かち》のないものは殆《ほと》んどありません。殊《こと》に蕨《わらび》や薇《ぜんまい》は石灰質《いしばいしつ》を含《ふく》んで居《い》てあれを食《た》べると人《ひと》の骨《ほね》や歯《は》を養《やしな》ひます。歯《は》の弱《よわ》い人《ひと》には蕨《わらび》や薇《ぜんまい》を沢山《たくさん》食《た》べさせろと、懇意《こんい》な歯医者《はいしゃ》が申《もう》した位《くらい》です』

記者『おや〱そんな効能《こうのう》がありませうか？　今《いま》までは少《すこ》しも存《ぞん》じませんでした。子供《こども》が山《やま》へ行《い》つて取《と》つて来《き》ても私《わたくし》どもはつひ食《た》べた事《こと》もありません』

夫人『それに蕨《わらび》なんぞは虫下《むしくだ》しの効《こう》があるさうで、暖《あたた》かい時候《じこう》になると人《ひと》のお腹《なか》に悪《わる》い虫《むし》が生《しょう》じますから天《てん》の配剤《はいざい》で蕨《わらび》のやうな虫下《むしくだ》しのものがその時分《じぶん》に出来《でき》るのでせう』

記者『では蕨《わらび》を食《た》べると悪《わる》い虫《むし》が下《くだ》りますか？』

夫人『蕨《わらび》を食《た》べると直《す》ぐに虫《むし》が下《くだ》る程《ほど》の効能《こうのう》があるか何《ど》うかはよく存《ぞん》じませんが、蕨《わらび》から取《と》つたお薬《くすり》で**メンバエキス**と云《い》ふものは大層《たいそう》強《つよ》い駆虫薬《くちゅうやく》になるさうですから蕨《わらび》を沢山《たくさん》食《た》べて居《い》れば少《すこ》し位《くらい》な虫《むし》は下《くだ》つて了《しま》ひませうし、又《また》虫《むし》の生《しょう》じない予防《よぼう》にもなりませう』

記者『さう云《い》ふ訳《わけ》ならば毎日《まいにち》蕨《わらび》や薇《ぜんまい》を食《た》べませう。所《ところ》であれは何《ど》う云《い》ふ風《ふう》に料理《りょうり》したら美味《おい》しく食《た》べられませうか？』

蕨《わらび》のアクは如何《いか》にして抜《ぬ》くか

夫人『一概《がい》に蕨《わらび》と云《い》つても痩《や》せた土地《とち》に出来《でき》たのは茎《くき》が細《ほそ》くつて硬《こわ》いから料理《りょうり》にしても美味《おい》しくありません。箱根《はこね》の浅間山《せんげんやま》の上《うえ》あたりで取《と》れる様《よう》な蕨《わらび》は小指《こゆび》くらゐな大《おお》きさがあつて極《ご》く柔《やわ》らかですから中々《なかなか》味《あじ》も宜《よ》うございます。東京辺《とうきょうへん》で八百《やお》屋《や》からお買《か》ひになるのは大抵古《たいていふる》くなつて居《い》ますから幾分《いくぶん》か硬《こわ》うございますけれども成《な》るたけ太《ふと》つたのをお択《よ》りにならないといけません』

記者『蕨《わらび》は**アク**が強《つよ》いものですが、あの**アク**は何《ど》うして抜《ぬ》きませう？』

夫人『**アク**を抜《ぬく》くにもいろ〳〵の法《ほう》がありますが、一番《ばん》よいのは先《ま》づ蕨《わらび》を桶《おけ》の中《なか》へ入《い》れてその上《うえ》から火鉢《ひばち》の灰《はい》をいゝ加減《かげん》に振《ふ》りかけます。そこへグラグラと煮立《にた》つた湯《ゆ》を沢山注《たくさんつ》いで木《き》の蓋《ふた》をして蓋《ふた》の上《うえ》に軽《かる》い圧《お》しを置《お》きます』

記者『何故《なぜ》蓋《ふた》に圧《お》しを置《お》きますか？』

夫人『圧《お》しを置《お》きませんと蕨《わらび》が浮《う》いて了《しま》ひます。つまり蕨《わらび》の浮《う》かない様《よう》に何《なに》かで抑《おさ》へて置《お》けばよいのです』

記者『それから何《ど》ういたします？』

夫人『それを一日《にち》程《ほど》その侭《まま》置《お》いて今度《こんど》は**アク**から出《だ》してよく水《みず》で洗《あら》つてざつとゆでます。かうすると蕨《わらび》の色《いろ》が変《かわ》りません』

記者『その外《ほか》にまだ**アク**を抜《ぬ》く法《ほう》がありますか？』

夫人『今度《こんど》は急《いそ》ぐ時《とき》の法《ほう》ですが、水《みず》の中《なか》へ直《す》ぐに灰《はい》を入《い》れてそれで蕨《わらび》をゆでます。それをよく洗《あら》つて外《ほか》の湯《ゆ》でもう一度《ど》ざつとゆでゝお料理《りょうり》に使《つか》ひますがこの方《ほう》は前《まえ》の法《ほう》よりも手軽《てがる》に出来《でき》ますけれどもその代《かわ》り蕨《わらび》の色《いろ》が悪《わる》くなつて味《あじ》も抜《ぬ》けます』

蕨《わらび》は如何《いか》に料理《りょうり》するか

記者『そこで蕨《わらび》は何《ど》うして食《た》べるのが美味《おい》しうございませう？』

夫人『蕨《わらび》は鯵《あじ》の煮汁《だし》で煮付《につ》けたのが一番美味《ばんおい》しうございます』

記者『それは何《ど》う云《い》ふ風《ふう》にして煮《に》ます？』

夫人『蕨《わらび》の出《で》る時分《じぶん》には鯵《あじ》が沢山《たくさん》ありますから、醤油《しょうゆ》一杯《ぱい》、味醂《みりん》一杯《ぱい》、水《みず》一杯《ぱい》即《すなわ》ち三等分《とうぶん》の割《わり》で鯵《あじ》を煮《に》て置《お》きまして、一旦《たん》その鯵《あじ》を揚《あ》げて残《のこ》つた汁《しる》で蕨《わらび》を煮《に》ます。斯《こ》うすると蕨《わらび》へお魚《さかな》の味《あじ》が浸《し》みて大層美味《たいそうおい》しくなります』

記者『その外《ほか》にまだ変《かわ》つたお料理法《りょうりほう》がありますか？』

夫人『左様《さよう》ですね、先《ま》づゆでた蕨《わらび》を一寸位《すんぐらい》に切《き》つてよく水気《みずけ》を切《き》つて置《お》きます。それから胡麻《ごま》の油《あぶら》でよくいためて味醂《みりん》と醤油《しょうゆ》と湯《ゆ》で煮《に》ます。その中《なか》へ花鰹節《はながつお》を入《い》れるとこれも味《あじ》が宜《よ》うございます』

記者『まだありますか？』

夫人『ゆでた蕨《わらび》を三杯酢《ばいず》にしても結構《けっこう》です。それは手軽《てがる》にするとゆでた蕨《わらび》へ醤油《しょうゆ》一杯《ぱい》と酢《す》一杯《ぱい》と、お砂糖少《さとうすこ》しとを混《ま》ぜてかけます。その上《うえ》へ花鰹節《はながつおの》を載せて出《だ》します。上等《じょうとう》にすれば煮切味醂《にきりみりん》と酢《す》と醤油《しょうゆ》を使《つか》ひます』

薇《ぜんまい》は如何《いか》に料理《りょうり》するか

記者『薇《ぜんまい》の方《ほう》は大抵《たいてい》干《ほ》したのを水《みず》に漬《つ》けて八百屋《やおや》が持《も》つて来《き》ますがあれもやつぱり太《ふと》くつて軟《やわら》かいのが宜《よ》うございませうね？』

夫人『あれも出所《でどころ》によつて味《あじ》のよし悪《あ》しが違《ちが》ひますが信州《しんしゅう》の松本辺《まつもとへん》から出《で》る干薇《ほしぜんまい》は大層太《たいそうふと》くつて味《あじ》が宜《よ》うございます』

記者『薇《ぜんまい》は何《ど》う云《い》ふお料理《りょうり》になりますか？』

夫人『薇《ぜんまい》は後先《あとさき》の硬《こわ》い所《ところ》を切取《きりと》つて、真中《まんなか》の軟《やわら》かい所《ところ》ばかり一寸位《すんぐらい》に切《き》ります。それをざつとゆでこぼして鯛《たい》の煮汁《だし》で煮付《につ》けると大層結構《たいそうけっこう》です』

記者『蕨《わらび》は鯵《あじ》で薇《ぜんまい》は鯛《たい》ですか？』

夫人『それが誠《まこと》によく合《あ》ひます。然《しか》し鯛《たい》がなければ、鯵《あじ》でも宜《よ》うございますし、鯛《たい》や鯵《あじ》がなければ外《ほか》の魚《さかな》の煮汁《だし》を使《つか》つても結構《けっこう》です』

記者『その外《ほか》には？』

夫人『薇《ぜんまい》を油揚《あぶらあげ》と煮《に》ても結構《けっこう》ですし、白和《しらあ》へにしても宜《よ》うございます』

記者『白和《しらあ》へは何《ど》うしますか？』

夫人『白和《しらあ》へは先《ま》づお豆腐《とうふ》を水嚢《すいのう》に入《い》れてよく水気《みずけ》を切《き》つて置《お》きます。別《べつ》に白胡麻《しろごま》を炒《い》つて擂鉢《すりばち》で擂《す》ります。そこへ今《いま》のお豆腐《とうふ》を入《い》れて塩《しお》と砂糖《さとう》で味《あじ》をつけてよく擂《す》り混《ま》ぜます。薇《ぜんまい》の方《ほう》は前《まえ》の通《とお》りに一旦《たん》ゆでこぼして鰹節《かつおぶし》の煮汁《だし》と醤油《しょうゆ》と砂《さ》糖《とう》で美味《おい》しく煮《に》て置《お》いて、冷《さ》まして汁気《つゆけ》を切《き》ります。それを擂鉢《すりばち》の中《なか》へ入《い》れて和《あ》へますと薇《ぜんまい》もなか〳〵上等《じょうとう》のお料理《りょうり》に出世《しゅっせ》します』

豌豆《えんどう》は如何《いか》に料理《りょうり》するか

記者『この頃《ごろ》は市中《しちゅう》に青豌豆《あおえんどう》と云《い》つて西洋種《せいようたね》の豌豆《えんどう》を沢山《たくさん》売《う》つて居《い》ますね。あれは皮《かわ》が柔《やわら》かくつて美味《おい》しさうですが何《ど》う云《い》ふお料理《りょうり》になりますか？』
夫人『手軽《てがる》なお料理《りょうり》は豌豆《えんどう》を柔《やわら》かくゆでゝ置《お》きます。別《べつ》に鰹節《かつおぶし》の煮汁《だし》へ醤油《しょうゆ》とお砂《さ》糖《とう》であつさりと味《あじ》をつけて、ゆでた豌豆《えんどう》をざつと煮《に》ます。そこへ葛《くず》を水《みず》で溶《と》いて加《くわ》へて玉子《たまご》を落《お》としてよく掻《か》き混《ま》ぜます』
記者『それは手軽《てがる》で宜《よ》うございますね』
夫人『豌豆《えんどう》は御飯《ごはん》に混《ま》ぜて炊《た》いても美味《おい》しうございます。それはお米《こめ》一升《しょう》に新《あたら》しい青豌豆《あおえんどう》五合《ごう》の割合《わりあい》で塩《しお》を二三勺《しゃく》混《ま》ぜて普通《ふつう》の御飯《ごはん》のやうに炊《た》きます。それから豆《まめ》**ソボロ**といふお料理《りょうり》もあります』
記者『それは何《ど》ういたします？』
夫人『豆《まめ》**ソボロ**はいろ〳〵拵《こしら》へ方《かた》もありますが、極《ご》く手軽《てがる》にすると先《ま》づ豌豆《えんどう》をざつとゆでます。別《べつ》に鳥《とり》の肉《にく》を細《こま》かく刻《きざ》んで前《まえ》の豌豆《えんどう》と一緒《しょ》に少《すこ》し汁《しる》のある位《くらい》に柔《やわら》かく煮《に》ます。煮《に》えたところで塩《しお》で味《あじ》をつけて葛《くず》を水《みず》で溶《と》いてドロドロにして暖《あたた》かいうちに出《だ》します』

記者『西洋料理《せいようりょうり》にもなりますか?』
夫人『西洋料理《せいようりょうり》には沢山《たくさん》の使《つか》ひ方《かた》がありますが、一番《ばん》手軽《てがる》いのは柔《やわら》かくゆでた豌豆《えんどう》を**バター**でいためて塩《しお》で味《あじ》をつけますがこれもさつぱりして美味《おい》しいものです。その外《ほか》に白《しろ》**ソース**で煮《に》るのもあります』
記者『白《しろ》**ソース**の拵《こしら》へ方《かた》は毎度《まいど》伺《うかが》ひましたが、つひ忘《わす》れましたからもう一度《ど》お教《おし》へ下《くだ》さい』
夫人『白《しろ》**ソース**は先《ま》づ鍋《なべ》で大匙《おおさじ》一杯《ぱい》の**バター**を溶《と》かします。それがよく溶《と》けて沸《に》え立《た》つた所《ところ》へ大匙《おおさじ》一杯《ぱい》の**メリケン**粉《こ》を入《い》れて杓子《しゃくし》でよく掻《か》き回《まわ》しながら狐色《きつねいろ》になるまでいためます。そこへ牛乳《ぎゅうにゅう》を少《すこ》し入《い》れては掻《か》き回《まわ》し、又《また》さしては掻《か》き回《まわ》すと云《い》ふ風《ふう》に幾度《いくど》にも一合《ごう》の牛乳《ぎゅうにゅう》を加《くわ》へて塩《しお》と胡椒《こしょう》で味《あじ》をつけます。それからゆでた豆《まめ》を入《い》れて五分間程《ふんかんほど》煮《に》て出《だ》します。これをもつと上等《じょうとう》にしますと別《べつ》に**パン**を薄《うす》く五分《ぶ》角位《かくぐらい》な菱形《ひしがた》に切《き》つて**バター**で揚《あ》げて豌豆《えんどう》の周囲《まわり》につけ合《あわ》せますと尚《なお》味《あじ》がよくなります』

記者『私《わたくし》は先日《せんじつ》他所《よそ》で豌豆《えんどう》の**スープ**を御馳走《ごちそう》になりましたが大層美味《たいそうおい》しうございました。あれは病人《びょうにん》なぞに食《た》べさせても結構《けっこう》だと思《おも》いましたが、何《ど》うして拵《こしら》へます?』

夫人『豌豆《えんどう》の**スープ**は先《ま》づ豌豆《えんどう》を柔《やわら》かくゆでゝ裏漉《うらご》しにして置《お》きます。鍋《なべ》に**バター**を大匙《おおさじ》一杯《ぱい》溶《と》かして**メリケン**粉《こ》を入《い》れて白《しろ》**ソース**の時《とき》の様《よう》によくいためます。手軽《てがる》にすればそこへお湯《ゆ》を三合《ごう》位《ぐらい》加《くわ》へてよく混《ま》ぜた後《のち》前《まえ》の豌豆《えんどう》を入《い》れます。塩《しお》と胡椒《こしょう》で味《あじ》をつけてこげつかない様《よう》によく掻《か》き回《まわ》しながら五分間《ふんかん》も煮《に》て鍋《なべ》を下《おろ》します。そこへ直《す》ぐに玉子《たまご》を一つ落《おと》して手早《てばや》く掻《か》き混《ま》ぜて出《だ》します』

記者『上等《じょうとう》のは何《ど》ういたします?』

夫人『上等《じょうとう》のは**メリケン**粉《こ》の代《かわ》りに**コンフラワー**を使《つか》ひますし、湯《ゆ》の代《かわ》りに牛《ぎゅう》か鳥《とり》の**スープ**と牛乳《ぎゅうにゅう》とを使《つか》つて、玉子《たまご》も黄身《きみ》ばかり入《い》れます』

鯵《あじ》の西洋《せいよう》料理《りょうり》は如何《いか》にするか

記者『鯵《あじ》は手軽《てがる》な西洋《せいよう》料理《りょうり》になりますか？』

夫人『はい、西洋《せいよう》料理《りょうり》にはいろ〳〵の用《もち》ゐ方《かた》があります。手軽《てがる》にすると鯵《あじ》の**ゼイゴ**を取《と》つて腸《はらわた》を抜《ぬ》いてよく洗《あら》ひます。それへ塩《しお》をあてゝ三十分《ぷん》程置《ほどお》いてから、**テンパン**へ並《なら》べて**バター**を載《の》せて**テンピ**の中《なか》で二十分《ぷん》程焼《ほどや》いたのが鯵《あじ》の**ロース**です』

記者『その外《ほか》にまだありますか？』

夫人『前《まえ》の様《よう》に拵《こしら》へて塩《しお》をあてた鯵《あじ》を十分間《ぷんかん》程蒸《ほどむ》します。それへ白《しろ》**ソース**をかけたのも上品《じょうひん》で美味《おい》しうございます。この外《ほか》**フライ**にしたのも宜《よ》うございます』

記者『それは何《ど》うして拵《こしら》へますか？』

夫人『先《ま》づ鯵《あじ》の**ゼイゴ**と腸《はらわた》を取《と》つて三枚《まい》に下《おろ》します。それへ薄塩《うすじお》をあてゝ両側《りょうがわ》へ**メリケン**粉《こ》を叩《たた》きつけます。それを玉子《たまご》でくるんで**パン**粉《こ》をかけます。斯《こ》うしたのを**ラード**油《ゆ》か**バター**で揚《あ》げます』
記者『まだ変《かわ》つたものがありますか？』
夫人『鯵《あじ》は**スープ**にもなりますよ』
記者『鯵《あじ》の**スープ**とは珍《めず》らしいお料理《りょうり》ですが何《ど》ういたします？』
夫人『鯵《あじ》を前《まえ》の通《とお》りに拵《こしら》へて丸《まる》のまゝ塩《しお》をあてゝゆでます。それから鯵《あじ》を引上《ひきあ》げて皮《かわ》と骨《ほね》を取《と》つて身《み》ばかり細《こま》かくむしつて置《お》きます。別《べつ》にゆで汁《じる》を漉《こ》して置《お》きます。鍋《なべ》に**バター**を少《すこ》し溶《と》かして**メリケン**粉《こ》を加《くわ》へて狐色《きつねいろ》にいためます。そこへ漉《こ》したゆで汁《じる》を入《い》れて薄《うす》くゆるめます。むしつた鯵《あじ》の身《み》を加《くわ》へて塩《しお》と胡椒《こしょう》で味《あじ》をつけて十分間《ぶんかん》煮《に》ます。火《ひ》から下《おろ》す時《とき》牛乳《ぎゅうにゅう》少《すこ》しをさすと一層《いっそう》味《あじ》がよくなります』
記者『何《ど》うもいろ〳〵難有《ありがと》うございました。帰《かえ》りましたら早速《さっそく》蕨《わらび》と薇《ぜんまい》のお料理《りょうり》を拵《こしら》へませう』

手軽実用 弦齋夫人の料理談 終

※本書は一九〇六（明治三十九）年に実業之日本社より創刊した『婦人世界』に連載の『弦齋夫人の料理談』を単行本にまとめた『弦齋夫人の料理談　第一編』（一九〇九年　初版発行）を原書に忠実に復刻したものです。なお一部、現代でもわかりやすいように注釈等を加えています。

【著者略歴】

村井多嘉子（むらい　たかこ）

明治・大正・昭和に生きた料理評論家。明治期のグルメ小説『食道楽』を書いた村井弦齋の妻。
西洋料理をはじめ、いろいろな料理に詳しく、基本的なものから斬新なアイデアを盛り込んだ調理法まで、幅広いレシピを紹介している。

村井弦齋は明治39年に実業之日本社より創刊された女性誌『婦人世界』の編集顧問を務め、同誌で『弦齋夫人の料理談』の連載をスタートさせた。この連載は妻である多嘉子と記者の対談というスタイルで進行し、いまのテレビ料理番組の構成の基礎となったといわれている。単行本で第一編から第四編までが刊行された。

[STAFF]

カバーデザイン　杉本欣右
本文デザイン　㈱千秋社

弦齋《げんさい》夫人《ふじん》の料理談《りょうりだん》

2020年6月1日　初版第一刷発行

著　者　村井多嘉子
発行者　岩野裕一
発行所　株式会社実業之日本社

〒107-0062　東京都港区南青山5-4-30
CoSTUME NATIONAL Aoyama Complex 2F
電話　03-6809-0452（編集）
03-6809-0495（販売）
ホームページ　https://www.j-n.co.jp/

印刷・製本　大日本印刷株式会社

ISBN978-4-408-33938-2（一般実用）